Danke K.W.
Ohne Dich hätte ich das Alles nicht gefunden

Herstellung und Verlag:
BoD - Books on Demand, Norderstedt
ISBN 978-3-7357-2507-3

Inhalt

Inhalt	3
Vorwort	5
Borderline Disorder Personality	6
Hilfssysteme	13
Skill – Skelett	21
Aktionsdruck	29
Schematisches Suchtmodel	50
Trauma	69
Dissoziation	86
SVV, SSV	98
Achtsamkeit	102
Objektkonstanz	104
Feindbild	107
Angst	110
Ausagieren	113
Idealisieren	116
Subjektivität vs. Intersubjektivität	119
Homosexualität oder	
In welche Richtung gehe ich	121
Quellen	126
Gesonderte Begriffe	128

Vorwort

Dieses Buch habe ich in meinem Inneren gefunden und durch Studien verschiedener Richtungen ergänzt. Ich habe versucht objektive zu bleiben, kaum beachtete Ansätze in den Fachliteraturen berücksichtigt und versucht einen Konsens zu erzeugen. Ich habe während meines Weges, Hilfe schätzen gelernt, sehr viel Hilfe in Dankbarkeit bekommen und werde einigen nicht vergessen, was sie für mich getan haben. Ich kann nur jedem BDP`ler ermahnen, Therapie zu machen, das Leben ist hinterher viel besser und schöner als ohne.

Ich hoffe eine neue konstruktive Diskussion in Gang zu setzen, wo BDP'ler nicht gleich abgeurteilt werden und wo sich mehr entschließen Therapie zu machen oder Therapeuten, BDP`ler zu therapieren und niemanden auf zu geben.

Borderline Disorder Personality

Ein Begriff, den die meisten Menschen mit schaudern lesen oder hören, aber es ist mehr, als man im ersten Augenblick vermutet. Viele Menschen haben schon Borderliner gesehen oder erlebt, aber leider nur die bleiben uns in Erinnerung, die einen negativen Eindruck wiederspiegeln, was Borderline heißt hat man dann noch nicht kennen gelernt.

Borderliner sind sehr Impulsive und emotional, sowohl wenn sie sich Freuen als auch wenn sie Wut, Hass oder Trauer empfinden. Ich versuche dem interessierten Leser die Behinderung nahe zu bringen. Die meisten Borderliner setzen sich aus den bekanntesten psychischen Störungen zusammen. Diese reichen aber nicht aus, hier fange ich mit meiner Erklärung an, stellen sie sich vor, ihre Gefühlsskala reiche von 0 – 10, in der Intensität, so ist ein Borderliner bei 25 – 50.

Ein normaler Mensch tendiert im normalen Umfeld auf der Skala bei 3 – 5.

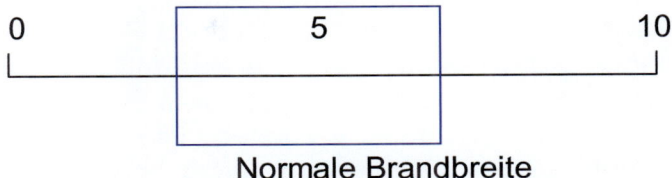

Normale Brandbreite

Gefühlskala ohne Borderliner, die Seite war zu klein.

Da wir jetzt die Intensität geklärt haben, schauen wir uns das Gleichgewicht ein wenig näher an. Stellen wir uns dazu eine Waage mit zwei Waagschalen auf jeder Seite vor. Schlägt nun eine Schale in eine Richtung, muss auf der anderen Waagschale ein entsprechendes Gegengewicht liegen, damit die Waage wieder ins Gleichgewicht kommt. Soweit hört sich das ja ganz einfach an, aber jetzt kommt die Würze; wir reden hier über das Gleichgewicht in der Psyche und das unterliegen keiner mathematischen Gesetzmäßigkeit!! Anders ausgedrückt, man kann sie nicht zusammen mischen wie Farbe, sie ist in Ihrer Komplexheit so verschachtelt, dass die Wissenschaft bis heute noch weiter Forschen muss und neue Erkenntnisse erlangt, das eine Beschreibung die der Psyche gerecht wird noch in keiner Fachliteratur zu finden ist.

Allen Borderlinern gemein ist der Drang sich selber zu verletzen (SVV). Hierbei handelt es sich um ein Verhalten, das sich oder andere schädigt. Es gibt nicht nur das „Ritzen", sondern es kann auch so weit gehen, das dritte Personen so lange gereizt werden, bis sie einem Schaden zu fügen. Hierbei unterscheidet man unter Eigen- und Fremdverletzendes Verhalten. Die Vielzahl an Möglichkeiten sei hier dem Leser überlassen und würde definitive den Inhalt sprengen.
In Ihrem SVV Verhalten, können Borderliner auch springen, so das man nicht kontinuierlich von einem Verhalten aus gehen kann. Deswegen können auch viele Borderliner ihr Verhalten vor Ihrer Umwelt verheimlichen oder verstecken.

Hier möchte ich ein Zitat von Anna Freud einfügen, welches sich auf eine einzige Person in einer bestimmten Situation bezieht, aber im Kern sehr gut wieder gibt, was Borderliner erleben. Ob es nun Unbewusst oder Bewusst ist.

„Dass ICH des Mädchen setzt jetzt einen zweiten Mechanismus in Tätigkeit. Es wendet den Hass, der bis dahin ausschließlich der Außenwelt galt, gegen die eigene Person. Das Kind martert sich selbst mit selbstquälerischen Anklagen und Minderwertigkeitsgefühlen, tut die Kindheit und Jugend hindurch bis in die Erwachsenenheit alles, um sich Selbst zu benachteiligen und zu schädigen, und setzt die eigenen Ansprüche an ihrem Leben ständig hinter die der anderen zurück. Für den Anschein von außen her ist sie seit inkraftreten dieser Abwehrtechnik masochistisch geworden." (Anna Freud, Das ICH und die Abwehrmechanismen, Erscheinungsjahr ist nicht eindeutig, dürfte aber in den 1950iger liegen)

Zum Schluss füge ich noch ein paar Attribute hinzu, wie Borderliner sind Launisch, sprunghaft, unbeständig, stressanfällig, Schwarz – Weiß – Denker und noch so einiges mehr. Sicherlich, berücksichtigen wir untherapierte Borderliner, die nur gewohnt sind, auf eine Umwelt zu rangieren, in der sie ständig Ablehnung, Hass, Unverständnis, Gewalt, Isolation und so weiter erfahren.

Was passiert aber, wenn man nun die Attribute, welche auf einer Skala von –10 - +10, für Normalos, bei –25 - +25, für Borderliner liegen, vom negativem ins positive Umwandelt.
Ein Beispiel, sei Stress, man sagt Borderlinern nach sie könnten keinen Stress vertragen. Wenn man sich nun vorstellt, die Intensität von Emotionen bei –25 liegen und einen Normalo bei 3-5 schwangt, dann könnte man sich den Stress, als Normalo nur ausmalen, den ein Borderliner bewältigen muss.

Wird also ein Borderliner erfolgreich therapiert, in dem er lernt, mit seiner Behinderung positive, konstruktive um zu gehen, so könnte er mehr ertragen, leisten, vollführen, als zehn Normalos zu leisten vermögen. Dazu müsste der Borderliner sicherlich lernen, sich vom Unbewussten ins Bewusste zu holen, dort zu korrigieren und das ganze positive, konstruktive wieder ins Unbewusste zu speichern.
Hört sich erst mal simpel an, wäre das Problem nicht, es gibt keinen isolierten Borderliner, die meisten von Ihnen haben multiple Persönlichkeitsstörungen. Das heißt, 80 – 90 % der Borderliner sind schwerst Traumatisiert. Was bewirkt, das die folge, neben Erkrankungen genauso erfolgreich therapiert werden müssen, bis die Borderlinebehinderung isoliert ist und dann erst, ist es möglich diese in eine funktionale, konstruktive, positive Behinderung um zu wandeln. An dieser Stelle, möchte ich Rollstuhlfahrer nennen, die durch einen Unfall die Beine verloren, alleine hier sieht jeder, das erst der Unfall, dann der Verlust der Beine, dann der Verlust der Mobilität überwunden werden muss, bis man neue Mobilität und den Rollstuhl akzeptieren kann und einen neuen Umgang mit dem Leben.

Ergo sum, eine Kritik an alle, gesteht Borderline Behinderten die selben Rechte zu wie anderen Behinderten! Sie sind nicht anders als andere Behinderte, nur ein wenig stressiger. Auch hier eine Anmerkung für Borderliner, akzeptiert eure Behinderung, die werdet ihr ein Leben lang haben, ob es euch gefällt oder nicht. Ihr werdet nie Normalos.

Zum Abschluss, möchte ich eines Festhalten, wenn man es geschafft hat, mit sich, seinen Gefühlen, Gedanken, Psyche um zu gehen, wird das Leben reichhaltiger, schöner, strahlender als sich je ein Mensch erträumen kann. Also los Bordies, therapiert euch, lasst euch therapieren...es lohnt sich!!!!

Hier eine kleine Liste mit Symptomen, die auf eine Borderline Disorder Personality rückschließen lässt:

- Impulsivität
- SVV
- Wiederholte Suizidalität
- Stimmungsschwankungen (sehr schnell aufeinander folgend, nicht beeinflussbar)
- Chronisches Gefühl von innerer Leere
- Unangemessene heftige Wut
- Instabiles Selbstbild und oder Selbstwahrnehmung
- Vorrübergehende Paranoide, dissoziative Symptome
- Instabile, intensive zwischenmenschliche Beziehungen (Idealisieren, Entwerten)

- Verzweifeltes Bemühen, verlassen zu werden, zu vermeiden.

Hier stehen 10 Punkte, wenn man mehr als fünf auf sich anwenden kann sollte man ernsthaft darüber nachdenken ein BDP`ler zu sein, trifft alles zu, sollte man sofort ärztliche Hilfe in Anspruch nehmen. Allen Anderen sei gesagt, es hat keinen Sinn, diese Symptome zu spielen, werden von anderen Bordies sofort entlarvt, spätesten jedoch in einer Fachklinik.

Hier ausdrücklichen Dank an PKH – Rickling, Station 14 ihr seit die Besten, wenn ich nicht bei euch gewesen wäre, wäre ich heute nicht in der Lage all das zu tun, was ich mache.

Ich persönlich bevorzuge den Begriff Borderline Disorder Personality, weil er frei übersetzt Granzlinien überschreitende, befehlsverweigernde Persönlichkeit heißt, darin liegt eine Chance und ein Fluch, richtig eingesetzt, hilft es problemlos das Leben zu sichern, aber falsch genutzt kann es das Leben schaden.

Hilfssysteme

Was sind Hilfssysteme?

Wieso Hilfssysteme und nicht skills, ganz einfach in der amerikanischen Literatur wird der Begriff to Skill als Fähigkeiten, Verhalten benutzt und würden aber nach dem deutschen Sprachgebrauch als Hilfssystem benutzt und das wieder spricht sich erheblich.

Alles, was dazu dient wieder ein inneres Gleichgewicht her zu stellen, bzw. neue Fähigkeiten zu lernen und/oder alte zu unterdrücken. Sprich, Tätigkeiten die einem Helfen können Situationen und/oder Emotionen aus zu halten; um nicht weiter in einen negativen Strudel der Emotionen unter zu gehen. Oder einen Ablenken um auf andere Gedanken und/oder Emotionen zu kommen.

Hilfssysteme können in der Regel nur in frühen Stadium Wirkung entfalten, ist man schon eine oder mehrere Stufen weiter gegangen in der Spirale abwärts der Emotionen, sind härtere Methoden von Nöten, um den Aktionsdruck zu mindern. Hier muss man aus der inneren

Achtsamkeit heraus agieren. Dabei muss der BDP lernen in sich hinein zu horchen und rechtzeitig ein zu greifen. Es ist wichtig, das ein BDP sich richtig einschätzen kann, wie schwer die Emotionen sind, in denen er zur Zeit gefangen ist.

Es ist hier hilfreich, sich das ganze als ein drei dimensionales Koordinatensystem vor zu stellen, in dem sich der BDP befindet und sich zur gleichen zeit eine Emotion manifestiert, die wiederum Ihrerseits weitere Emotionen auslöst. Da jede Bewegung in dem Koordinatensystem nur eine Momentaufnahme ergibt, aber einen Nachhall erzeugt, der wie ein Schatten wirkt und die Grundtendenz eines BDP's im Verhältnis der Emotionen beeinflusst.

Daher ist es wichtig, das ein BDP richtig einschätzen kann, wie schwer die Emotionen sind, in denen er zur Zeit gefangen ist. Die Einschätzung der Situation im allgemeinen und konkretem Fall ist nicht einfach, da die Emotionen nicht immer definierbar sind. Da man nicht alle Emotionen greifen und definieren kann, resultiert ein Handeln nach intuitiver Einschätzung.

Ist das HS zu schwach, läuft der BDP Gefahr, die Spirale der Emotionen weiter abwärts zu laufen, wohin gegen ein zu starkes HS keinen negativen Auswirkungen zeigt, sofern die HS nicht früher einen negativen (disfunktionalen) Verlaufnahmen und oder negativ besetzt wurden. Dieses kann geschehen, wenn ein BDP´ler um einen HS/Skill bittet und ihm dieses verwehrt wird. Meist sind es Kombinationen von HS´s, die einem BDP effektive (funktional) weiter helfen.

Beispiel:

Eine Person „trifft" (sieht) eine andere Person von der es bedroht wurde. (x1)

Dieses reicht aus, um eine Kette von Emotionen von stark negativen Gefühlen aus zu lösen, die sich zur einer Spirale nach unten verselbstständigen. Das erste, was die betreffende Person machen kann, ist ein Hilferuf absetzen (beste Freundin/Freund, Pädi etc.(x2)).

Möglichst ein Treffpunkt vereinbare!! (Fungiert als erster positiver Haltepunkt) bis dahin positive Musik hören, die einen hilft die Emotionsspirale zu verlangsamen oder zu stoppen (Idealfall).

Positive Musik ist nicht mit schöngeistiger Musik zu verwechseln. D.h. JBO „ein guter Tag zum Sterben" kann hilfreicher sein, als Beethovens neunte Symphonie. Nicht hilfreich ist es Musik zu hören, die negativ besetzt ist:

Techno = Drogen
Das Lieblingslied des geliebten Ex.
Lieder, die mit negativen Erfahrungen // Emotionen belegt sind.

Ist alles nicht sehr hilfreich, könnten weitere Hilfssysteme oder Gespräche weiter helfen; die Hilfssysteme sollten aber einen positiv belegte Emotionen haben.

Die betreffende Person kann, muss aber nicht über die Situation // Gefühle reden. Nur alleine sollte sie nicht sein!

Was im Einzelfall getan werden kann, hängt nicht nur von der Situation // Person ab, sondern auch von den Möglichkeiten (finanzielle, Sprachfähigkeit, andere); sondern auch und vor allem von den ausgelösten Emotionen.

Ist der Aktionsdruck zu hoch und lässt sich durch HS's nicht regulieren // aushalten; diese kann auch erst nach ein paar Tagen der Fall sein, ist die betreffende Person zu ihrem eigenen Schutz in die ZNA zu bringen.

X1
Es ist der Sinn gemeint. Es reicht aus, wenn ein BDP ein unbestimmtes Objekt in Augenweite, Hörweite oder vergleichbare Auslöser bekommen.
X2

Familienmitglieder sind genauso eingeschlossen. Es ist wichtig zu der Person einen positiven Emotionalen Bezug zu haben.

Hilfssysteme (exemplarisch) sind:

- Schöne Dinge lesen
- Schöne Dinge machen
- Schöne Musik hören
- Imagination
- Sicherer Ort
- Kaffee trinken (Bewusst!!)
- Eine Zigarette rauchen (Bewusst!!)
- Gespräche führen (entlastende, nicht belastende; ist individuell verschieden)
- Menschen treffen
- Spazieren gehen
- Sich stylen
- Duschen
- Schöne Videos ansehen
- Sex, kuscheln

- Chilischoten essen
- Lavendelduftkonzentrat
- Kneifen

- Medikamente
- Drogen
- Sex (übersteigerter)
- Sich selbst verletzen

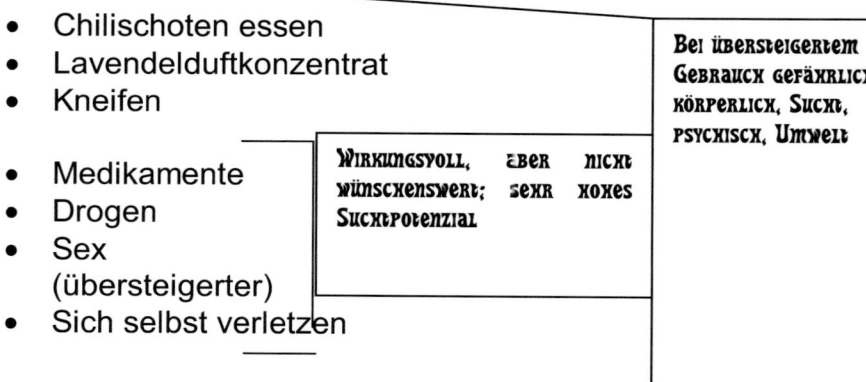

Schön ist, was einem gut tut, einem hilft Situationen, Emotionen, Flashbacks, Gedanken zu überstehen oder zu neutralisieren.

Das bedeutet, BDP´s müssen ständig sich analysieren, einschätzen und wenn möglich verstehen, um schädliche Fähigkeiten in neue um zu wandeln oder neue zu erlernen; durch die Hilfe von HS´s.

BDP´s sollten hier ein sehr hohes Maß an Kreativität entwickeln; damit sie ein perfektes und individuelles System entwickeln, um sich in fast jeder Situation stabil halten zu können.

Dabei sollten sie auch acht geben, das auch das beste System versagen kann. Es gibt also keine Garantien, aber garantiert ein Krankenhaus, das einen in einem akuten Fall (x3) hilft.

Rückschläge gehören dazu und sollten ein Anreiz sein, sich weiter zu entwickeln als bis her. Somit leben BDP´s in einem ständigen Lernprozess.

X3
Akuter Fall und akuter Zustand, werden noch näher definiert, da es unterschiedliche Gradationen gibt.

Hilfssysteme können nur funktionieren, wenn sie einem nicht schaden. Dabei ist nicht nur der kurzfristige Erfolg zu berücksichtigen, sondern auch die längerfristige Wirkung. Keinem ist mit einem Hilfssystem kurzfristig respektive langfristig geholfen, wenn er sich im schlimmsten Fall traumatisiert und damit sich in eine neue Spirale der SVV, SSV begibt.

Hilfssysteme sollten nicht als langfristige Kompensation von Ereignissen, innerer Anspannung oder sonstigen Affekten eingesetzt werden, da sie sonst als nicht substantielle Sucht eingestuft werden müssen.

Hilfssysteme, die keine Süchte produzieren, sind Entwicklungen von Ressourcen. Es ist bei BDP`lern wichtig, Ressourcen zu entwickeln, zu fördern; dieses kann auf zwei Wegen geschehen, zu einem, wenn mensch eigene Ressourcen zur Verfügung stellt oder BDP`lern Ressourcen auf zeigt. Die Annahme von fremder Hilfe, nicht nur suchen, sondern auch wollen, in Form von Entwicklungswille, Entwicklungsfähigkeit, sind die Grundvoraussetzung für Hilfe von Dritten.

Skills –Skelett

Die Grundlage ist, wie bei jeder Tätigkeit Achtsamkeit, sich konzentrieren auf sich und seine Umwelt. Sich dessen Bewusst werden, es gib ein Drinnen und ein Außen.

Mensch kann nur sich in einem Anspannungsverhältnis von 0 – 60 % skillen, respektive Hilfssysteme in Anspruch nehmen. Ein skills –Skelett hat die Aufgabe sich im täglichen Leben ein System zu recht zu legen, in dem mensch erst gar nicht in die Lage kommt, Hilfssystem zu beanspruchen, um seine Anspannung, sei es eine äußere oder innere, zu regulieren, respektive sich konstruktive zu beeinflussen. Auch muss immer wieder überprüft werden, ob das skills – Skelett auch immer noch bestand hat oder ob sich an den Hilfssystemen etwas geändert hat.

Ein skills –Skelett sollte auf Ablenkung, Beruhigung, Ressourcenbildung, innere und äußere Einflüsse aufgeteilt werden. Konstruktive eine Anleitung zum besseren Umgang mit sich zu sein. Ein Zusammenfluss von gelerntem, Therapieerfahrung und in die Zukunft weisend sein. Es enthält soziale Aktivitäten, genauso wie selbstreflektierende Tätigkeiten, Erfahrungen, Gefühle.

Ein skills – Skelett dient dazu die innere Waage im Gleichgewicht zu halten; im täglichem Leben, wohingegen Hilfssysteme bei Anspannungen Anwendungen finden und stärkeren Reizen unterliegen. Skills –Skelett kann auch ohne fremde Hilfe durchgeführt werden. Es hat einen direkten Bezug zu einem Selbst und muss individuell an einen angepasste werden.

All diese Systeme sollten zum konstruktiven Umgang mit der Umwelt und sich führen. Konstruktive ist alles, was innerhalb der sozial verträglichen Beziehung einer Gemeinschaft dient. Maßgabe hier für ist ein System, das sich in 25.000 Jahren Menschengeschichte etabliert hat; ein Teil davon findet mensch in dem Codex civiles, oder ähnlichen Gesetzesbüchern und was sich im verbalen, nonverbalen Codex der Menschlichkeit niedergeschrieben hat. Alle Bemühungen sind vergebens, wenn mensch nicht Therapie will, der Wille sich konstruktive zu entwickeln ist die Grundlage aller Existenz, genauso wie lebenslanges Lernen.

Ein skills – Skelett funktioniert im intimen Rahmen und geht von da aus auf eine fernere soziale Integration hin. Sozialisation im eigenen Selbst, wie in der näheren Nachbarschaft, so wie hausübergreifend auf das „Universum" bezogen, ist das Ziel; damit ein Innerer Ruhepunkt sich im Äußeren wieder spiegelt.

Aufbau eines skills – Skelett

Ablenkung

Aktivitäten:

Z.B.:
- Spazieren gehen
- Filme sehen
- Kaffee trinken

Unterstützen:

Sich auf andere Menschen konzentrieren; z.B.:
- Hilfe anbieten
- Einem Freund / Freundin etwas schenken

Gefühle:

Sich emotional anregen, z.B.:
- Gruselfilme gucken
- Musik hören

Gedanken:

Konzentrationsübungen, z.B.:
- Zählen in Zweierschritten
- Rätseln
- Weiterbildung

Beruhigen mit den Sinnen

Sehen:

Mit den Augen auf etwas konzentrieren, z.B.:
- An die Elbe gehen
- Flamme beobachten

Hören:

Aktive hören, z.B.:
- Musik
- Telephonieren

Riechen:

Geruchsinn aktivieren, z.B.:
- Düfte
- Kochen

Schmecken:

Geschmackssinn stimulieren, z.B.:
- Eis
- Getränk

Fühlen:

Alle Tastkörper stimulieren, z.B.:
- Baden
- Auf das Sofa liegen

Die Situation verändern

Phantasie:

Phantasien durch spielen, z.B.:
- save Activity
- sicherer Ort

Sinngebung:

Dingen einen tieferen Sinn verleihen, z.B.:
- innere Waage, als Waage
- Sonnenblume als innere Sonne

Entspannung:

Bewusst sich entspannen, z.B.:
- PMR
- EMD – Musik

Konzentration:

Seine Konzentration auf eine Sache richten, z.B.:
- Körperwahrnehmung
- Kleine Schiffchen falten

Kurzer Urlaub:

Sich aus dem Alltag ausklinken, z.B.:
- ins Bett kuscheln
- Handy aus
- in der Sonne liegen

Pro und Contra:

Antrieb vs Konsequenzen in Gedanken oder aufgeschrieben.

Notfallkonzepte

Zu einem ausgewachsenen skills – Skelett gehört es auch sich Gedanken zu machen, was in einem Notfall zu tun ist. Es ist hilfreich, wenn mensch einen Vertrauten hat und im Notfall benachrichtigen kann; es ist manchmal einfacher einem guten Freund / Freundin, zu erzählen, das mensch Hilfe braucht, als der freundlichen Stimme am Ende der Notrufnummer. Es sollte für einen solchen Fall ein Konzept vorliegen, wonach vorgegangen werden kann und die Hilfe umgehend erfolgen kann.

Die unten abgebildete Notfallkarte, ist ein weiteres Hilfsmittel, sich im Notfall bemerkbar zu machen, aus eigener Erfahrungen weiß ich genau, dass eine Schilderung des Falls, in Krisensituationen nicht immer funktioniert, deshalb ist jedes Hilfsmittel und ein guter Plan immer die besten Hilfssysteme um erfolgreich Hilfe zu bekommen.

NOTFALLKARTE

Bitte benachrichtigen:

Borderliner
ICD-10 F61 / F60.31
mit Drogenmissbrauch
Suizidgefahr
behandelnde Klinik:
AK
Station

Konzept von KW, Ausarbeitung von Nicolaus Dinter

Aktionsdruck

Aktionsdruck ist die Emotion, welche einen BDP blockiert und zu einer Handlung zwingen.

Bevor das geschieht, laufen eine Reihe von fatalen Emotionen ab, die eine schrittweise Blockade auslösen und in Aktionsdruck münden. Während diesen Ablaufs wird ein klares Denken zunehmender Weise unmöglich. Die Entscheidungsfähigkeit versagt und ein BDP reagiert und agiert hier nach eingefahrenen Skills.(x1)

Je länger ein BDP in diesem Zustand verharrt, je höher die Unfähigkeit. Die meisten dissoziativen Störungen treten hier auf; dabei ist selten ein gewisser Zeitpunkt zu definieren. Es gilt hier mehr die Devise, je mehr ein BDP über sich weiß, je später setzen der Aktionsdruck und die dissoziative Störung ein. Man kann hier nicht fordern, das ein BDP die Situation aushalten soll. Meist wird die Eskalation der Situation // Emotion dadurch noch schlimmer, mit fatalen Folgen für den BDP.

Aktionsdruck kann sich durch verschiedene Charaktere äußern; dabei könnte man den

Zustand auch als akut bezeichnen, ist aber noch regulierbar:

- Bei Diskussionen, seine Rechte, Meinungen, Emotionen ohne Rücksicht durch zu setzen.(sowohl eigen- und/oder fremdbezogen)
- Um seine eigenen Emotionen // Bedürfnisse besser zu kontrollieren.
- Eine Situation unbekannter // bekannter Erlebnisse zu kontrollieren.
- Das Leben zu kontrollieren.
- Das bekämpfen von Machtlosigkeit (in Form der Hilflosigkeit).
- Das durchbrechen von abwärts gerichteter Emotionen.
- Das durchbrechen von aufwärts gerichteter Emotionen.
- Fremde Anforderungen stand zu halten.
- Etc.

Die Liste lässt sich beliebig weiter entwickeln, die Aktionsdrücke sind so verschieden und stark, wie das Leben selbst. Als Resultat bleiben die Aktionsdrücke, die Folgeerscheinungen, kontrollieren wollen und müssen. BDP´s müssen sich kontrollieren, da sonst ein chaotisches Verhältnis von Impulsen entsteht, die wiederum ein chaotischen Strudel von Emotionen hervorrufen.

Hier kann man selten von einem Kontrollzwang (als Störung der Psyche) sprechen, da bei einem Kontrollzwang von einem bewussten Handeln aus zu gehen ist.

Ist ein BDP am Anfang seiner Therapie, so steuert (kontrolliert) er sich meist durch unbewusste skills. Dieses geschieht meist in der Heftigkeit, in der er Emotionen empfindet // erlebt.

Hier ist das Beispiel der inneren Waage sehr sinnvoll:

Stellt man sich das innere eines Menschen als Waage vor, mit einer Skala von 1 – 10; wobei ein BDP eine Skalentiefe von 50 besitzt.

Wird ein BDP von einer Emotion stark belastet; unter der Vorraussetzung, das dem auch wirklich eine Emotion zu Grunde liegt. Schlägt seine innere Waage in eine Richtung extrem aus, in der Heftigkeit, wie ihn die Emotion belastet, und bringt ihn folglich aus dem Gleichgewicht. Das Gleichgewicht ist aber die Vorraussetzung für ein ausgewogenes Inneres // Gefühlsleben.

Um diese aber wieder her zu stellen, versucht ein BDP möglichst die gleiche Intensität auf die andere Waagschale zu legen, damit sich ein Gleichgewicht wieder einstellt.

Hier gibt es zwei Grundtypen, die inneren Grobmotoriker und die inneren Feinmotoriker, d.h. Die Grobmotoriker, klatschen unkontrolliert einfach ein Gegengewicht, egal in welcher Stärke, auf die andere Waagschale. Mit dem Effekt, das die Impulskontrolle, Aktionsdruck, freien Lauf gelassen werden. Hier liegt keine koknetive Steuerung zu Grunde. Da hier rein intuitive gehandelt wird, was fatale folgen für den BDP, seine Umwelt hat. Die Feinmotoriker überlegen sich bevor sie handeln, welche Emotion, woher kommt sie, was bedeutet sie, wieso ist sie da, wie schwer ist sie, was kann ich tun, wie kann ich es tun, wann kann ich es tun, warum sollte ich dieses oder jenes nicht tun, was ruft dieses oder jenes jetzt in mir hervor, ist das sinnvoll, etc. pp.

Aus der Intensität des Ausschlags der Waage ergibt sich die Intensität des Aktionsdruckes, angetrieben durch das Bestreben seine innere Waage im Gleichgewicht zu halten.
(Anmerkung des Verfassers, ich habe für den Absatz alleine über eine Stunde gebraucht, geschehen muss dieser Vorgang aber innerhalb von 1/1000 sek.)

Da dieses noch nicht kompliziert genug ist, spielen mehrere Faktoren auf einmal zusammen; der Steuerungszwang ausgelöst durch das Bestreben, ein inneres Gleichgewicht zu besitzen, mit dem Aktionsdruck als Emotion. Dabei ist die Verarbeitung der belastenden Emotion, die ja alles ins Rollen brachte, sprich eine Waagschale belastete, im Wege und verkettet sich mit den anderen Feldern (x1) eines BDP`s.

Auf einer Skala von 1 – 10, wo nicht BDP Menschen bei 3 – 5 tendieren, stehen BDP´s bei 30 – 50. Nun kann man die Pendelbewegungen sich sehr gut vorstellen. Übermannt von der Intensität und der Vielzahl von Verkettungen, entsteht ein Chaos, das je schwieriger zu stoppen ist, je weiter es fortschreitet oder je unbewusster ein BDP versucht es zu steuern.

Hier drin liegt die Schwierigkeit entsprechende HS´s zu wählen, um einen steuern zu ermöglichen und auch der Grund, je früher gesteuert wird, desto eher gerät die Waage wieder ins Gleichgewicht.

Versagen alle HS´s, die ganzen Emotionen sich komplett verselbständigen und der Aktionsdruck ins Unermäßliche steigt, erfolgt als Automatismus und letzte Möglichkeit als selbstverletzendes Verhalten.

X1
Felder der Persönlichkeit:

- Sex
- Zärtlichkeit
- Essen
- Trinken
- Rauschzustände
- Eigenes ICH
- Idealisieren
- Verdammen
- Eigene Bedürfnisse
- Soziales Umfeld
- Eigenreflektion
- Erziehung
- Bildung
- Kunst und Kultur
- Traumata
- Substanzmissbrauch
- Sozialstatus
- Innere Zufriedenheit
- Etc. pp.

Akute Zustände

Was sind akute Zustände?

Zustände sind Momentanaufnahmen, in dem ein bestimmtes Verhältnis der Ebenen zueinander definiert werden kann. Dabei ist die Definition von „außen" besser zu vollziehen, als von „innen" heraus. D.h. durch Fremdwahrnehmung und deren Reflexion kann der Betroffene die eigene Situation und Wahrnehmung ergänzen.

Durch stetes Training können Betroffene lernen ihr eigenes Inneres besser zu verstehen und ein zu schätzen. Um nun innere Zustände richtig einschätzen zu können, bedarf es der stetigen Verfolgung des Verhaltens, Emotionen, Situation und Reaktion. Da diese sich in Bewegung befinden und den Gesamtzustand beeinflussen; sprich das Verhältnis der Ebenen (Felder) zu einander, brauch man sehr viel Übung um annähernd ein angemessenes Resultat erzielen zukönnen. In den meisten Fällen lässt sich ein Zustand nur erahnen. Deswegen ist es von Nöten, die Intuition dahingehend zu schulen.

Hier sei noch einmal auf ein psychologisches Grundprinzip hingewiesen, die Gesamtheit des

Ganzen ist mehr als die Summe der einzelnen Teile. D.h. die gesamte Situation ist komplizierter, als die einzelnen Teile als Addition ergeben, ergo muss dieses bei der Beurteilung berücksichtigt werden, genauso, wie subjektive Verzerrungen, die größer sind, je ungeübter die teilnehmenden Personen.

Das Üben geht aber nur, wenn man im geschützten Rahmen (Krankenhaus, Schulungsräumen, etc.) Situationen nachspielt und in Schlüsselpunkten inne hält. Versucht heraus zu finden, wie der Zustand sein könnte. Hier ist das Zusammentreffen von Fremd- und Eigenwahrnehmung ein wichtiges Element. Es ist wichtig, erst die Eigenwahrnehmung zu reflektieren danach die Fremdwahrnehmung; damit es nicht zu einer Vermischung von Eigen-, Fremdwahrnehmung gelangt. Um zum Schluss ein annäherndes Ganzes zu erhalten. Hierbei kann jeder Probant seine eigene Intuition schulen und erhält ein Feedback, in wie weit er an den tatsächlichen Zustand herangekommen ist. Der Mediator, greift regulierend ein und erstellt eine Zusammenfassung, die sich hauptsächlich auf der Metaebene und Sachebene bezieht, wobei die Emotionsebene nur eine Reflektion da stellt.
Die Betrachtungswinkel sollten die Bewussten und Unbewussten Abläufe explezit behandeln und einzelnd Reflektieren, danach miteinander verknüpfen um zu einem Gesamtbild zu gelangen.

Wichtig ist, das es hier kein richtig oder falsch gibt, es lässt sich nur das Verhältnis zum Gesamtbild ablesen und damit ein Rückschluss auf die eigene Fähigkeiten der Intuition.

Eigenwahrnehmung

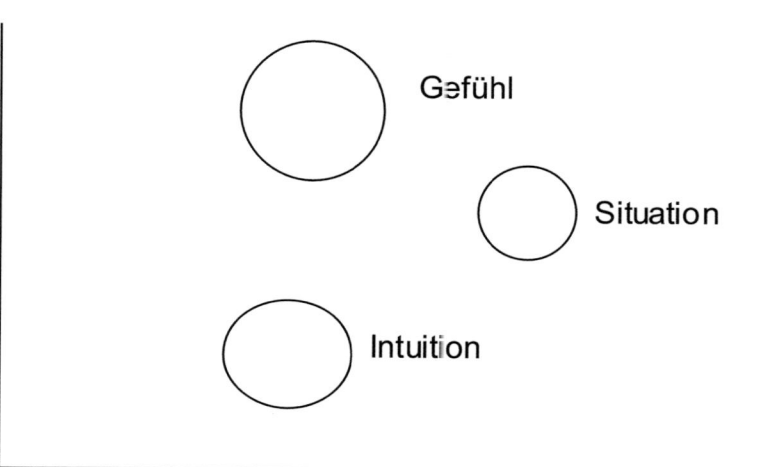

Fremdwahrnehmung

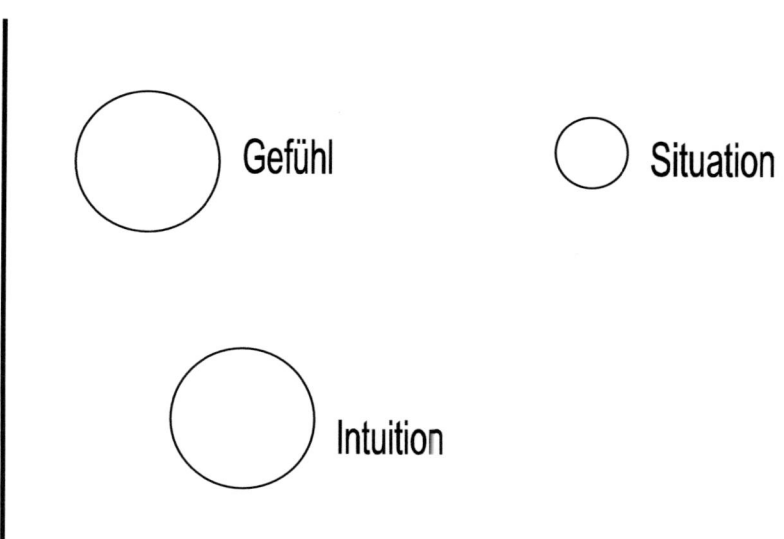

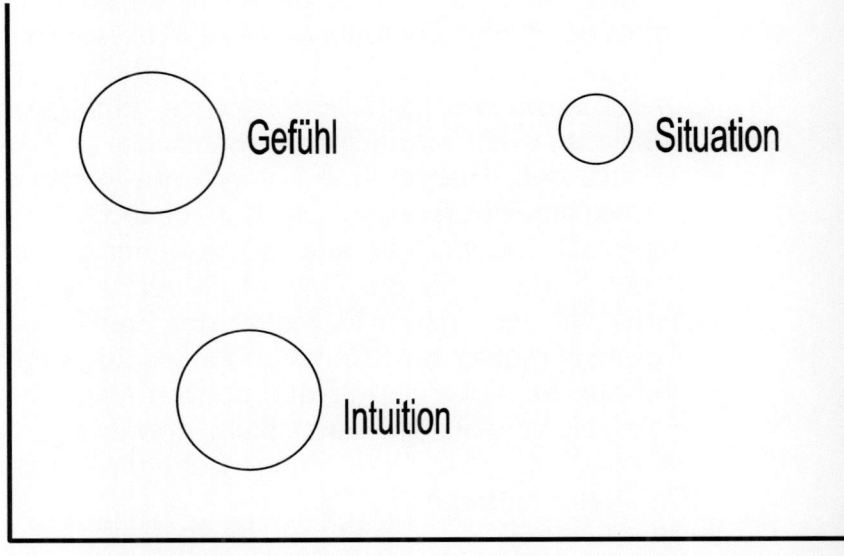

Gesamtbild

Das trainieren verschiedener Stresssituationen, trainiert nicht nur die Intuition hinsichtlich des eigenen Inneren, Situation, Gesamtzustand, sondern auch die Stresstoleranz, in Hinblick von Lösungsansätzen.

Gerade BDP´s müssen ihre eigenen Fähigkeiten (skills) trainieren und vertrauen lernen, damit eine Steuerung der eigenen Emotionen frühzeitig möglich wird, damit nicht wieder akute Zustände eintreten, die im Endresultat in die ZNA laufen.

Dabei ist es wichtig, diskfunktionale (nicht mehr nützliche) skills in funktionale (nützliche) skills zu modifizieren. Hierbei sind kompetente Personen ein wichtiger Hilfsfaktor. Die Konsequenzen des eigenen Handelns/Verhalten zu erkennen und sie in der Wirkung für die Zukunft zu verstehen, ist eines der wichtigsten Elemente der Fremd- und Eigenwahrnehmung! Konsequenzen zu sehen und zu verstehen, ist für die meisten Menschen nicht leicht, vielleicht auch nicht notwendig, da sie nur für BDP`ler einen Lebenswichtigen Charakter einnehmen.

Was verstehe ich nun unter akut?

Akut ist der Zustand, der ein Spannungsverhältnis beinhaltet, welcher in einer kritischen Situation münden kann. Dabei verschiebt sich die äußere Wahrnehmung, siehe zur Wahrnehmung Dissoziationen. Hier heißt es, die Außenwelt kann nur schwer durch die Sinnesorgane wahrgenommen werden. D.h., akut ist man in dem Augenblick, wo einem droht die Situation außer Kontrolle zu geraten.

Bei nicht BDP´s und BDP´s führt es zur Eskalation in denen ein kontrollierter Ablauf von Dingen nicht mehr gewährleistet werden kann. Es sind einzelne Stufen, die durchlaufen werden, wobei sie spiralförmig verlaufen und erst durch eine Katastrophe enden.

Hier muss ein BDP`ler lernen, wo seine Ruhepunkte in der Spirale sind. Diese lassen sich durch die Punkte erkennen, in denen der BDP`ler erkennt, das er akut ist. Diese hört sich leicht an, ist aber nur durch sehr viel Training zu erzielen; je weiter ein BDP´ler im akutem Zustand die Spirale empor klimmt, um so weniger ist er in der Lage, sich selber wahr zu nehmen. Ein akuter Zustand teilt sich in viele kleine Akute Zustände auf, die, sofern sie nicht gestoppt werden oder sich lösen, an einander gereit eine

Spirale ergeben, die in unkontrollierte Selbstzerstörung mündet. Hier ist der Zwangsaufenthalt in der ZNA ein Automatismus. Je früher ein BDP`ler eingreifen kann, um so früher kann er regulieren. Dabei ist es wichtig, den Point of no return zu erkennen, der einen Aufenthalt im Krankenhaus notwendig macht, um professionelle Hilfe in Anspruch zu nehmen.

Es klingt plausibel und durchführbar, aber da ein BDP`ler ein individuelles Krankenbild und Emotionsbild besitzt, das auf verschiedene Bildungs-, Erziehungs-, Sozial-, Erfahrungsstufen fußt, ist es unmöglich, klare, einheitliche Hilfe zu gewähren. Somit ist ein individuelles Konzept von Nöten, was ein Charakteristikum ist für die BDP´s.

Fazit, ein akuter Zustand ist die innere Gesamtsituation, in der Fremde Hilfe notwendig wird. Die Weiterführung eines akuten Zustandes folgt in einen pathologischen Zustand, wo Hilfe zwar notwendig ist, aber selten konstruktive, funktional erfolgen kann; da der Betroffene nicht in der Lage und/oder Einsicht ist Hilfe an zu nehmen oder um zu setzen.

In DSM ist eine Liste gesetzt, mit deren Hilfe man Erkrankungen, pathologische Zustände klassifizieren kann; als Leitfaden sei diese hier genannt:

Score	Beschreibung
100 – 91	Hervorragende Leistungsfähigkeit in einem breiten Spektrum von Aktivitäten; Schwierigkeiten im Leben scheinen nie außer Kontrolle zu geraten; wird von anderen wegen einer Vielzahl positiver Qualitäten geschätzt, keine Symptome.
90 – 81	Keine oder nur leichte Symptome, gute Leistungsfähigkeit in allen Gebieten, interessiert, eingebunden in ein breites Spektrum von Aktivitäten, sozial effektive im Verhalten, im allgemeinem zufrieden mit dem Leben, übliche Alltagsprobleme oder – sorgen.

80 – 71	Wenn Symptome vorliegen, sind diese vorübergehende oder zu erwartende Reaktionen auf psychosoziale Belastungsfaktoren; höchstens leichte Beeinträchtigung der sozialen, beruflichen und schulischen Leistungsfähigkeiten.
70 – 61	Einige leichte Symptome, oder einige leichte Schwierigkeiten hinsichtlich der sozialen, beruflichen, schulischen Leistungsfähigkeit, aber im allgemeinen relativ gute Leistungsfähigkeit, hat einige wichtige zwischenmenschliche Beziehungen.
60 – 51	Mäßig ausgeprägte Symptome, oder mäßig ausgeprägte Schwierigkeiten bezüglich sozialen, beruflichen, schulischen Leistungsfähigkeit.

50 - 41	Ernste Symptome, oder eine ernste Beeinträchtigung der sozialen, beruflichen, schulischen Leistungsfähigkeit.
40 – 31	Einige Beeinträchtigungen in der Realitätskontrolle oder der Kommunikation, oder starke Beeinträchtigungen in mehreren Bereichen; z.B. Arbeit oder Schule, familiäre/sozialen Beziehungen, Urteilsvermögen, Denken oder Stimmungen.
30 –21	Das Verhalten ist ernsthaft durch Wahnphänomene oder Halluzinationen beeinflusst, oder ernsthafte Beeinträchtigung der Kommunikation und des Urteilsvermögens, oder Leistungsunfähigkeit in fast allen Bereichen.
20 – 11	Selbst- und Fremdgefährdung, oder ist gelegentlich nicht in der Lage, die geringste persönliche Hygiene aufrecht

zu erhalten, oder grobe Beeinträchtigung der Kommunikation.

10 – 1   Ständige Gefahr sich oder andere schwer zu verletzen, oder anhaltende Unfähigkeit, die minimale persönliche Hygiene aufrecht zu erhalten, oder ernsthafter Selbstmordversuch mit eindeutiger Todesabsicht.

0   Unzureichende Informationen.

Zu beachten ist hier, das durch Therapie oder ähnlichem, Symptome verschleiert werden können, so kann eine augenscheinlich perfekte Kommunikation vor liegen und in Wahrheit ist die Person aber unfähig frei zu kommunizieren. Verschleierungen durch Therapie kommen häufiger vor, als bisher fest gestellt wurde. Lügen oder Unwahrheit ist heute ein „Volkssport", was eine eindeutige Klassifizierung extrem erschweren kann.

Nichts desto trotz ist dieser Score ein guter Anhaltspunkt um sich und andere durch Eigenwahrnehmung und Fremdwahrnehmung fest zu legen und entsprechende Strategien zu entwickeln hinsichtlich einer realen Genese.

Bei sozialen Kontakten sollte zwischen konstruktiven und Peer – Kontakten unterschieden werden, viele Menschen haben eine scheinbar sozial funktionierende Kontaktebene, die bei genauer Betrachtung extrem negative an zu siedeln sind.

Gerade bei BDP`lern, die dauerakut oder pathologisch sind, finden sich wie im Suchtmodel beschrieben, Verschleierungssysteme, die nach außen perfekt erscheinen, aber einer genauen Prüfung nicht standhalten. BDP`ler sind Meister der Täuschung und der Gegenübertragung, was ein genaues Betrachten ihres Handelns teilweise sehr erschwert oder unmöglich macht.

Schematischer Verlauf

Ereignis
Gesteigerte Aktivität

Verleugnung
Erste Selbstzweifel

Sich schlecht fühlen
Entwertung der eigenen Person

Ignorieren

Zerstörung von Erreichtem

Zerstörung der Zukunftsperspektive

Zerstörung der eigenen Person

Explosion des Aktionsdruckes
Radikale Schädigung von sich selbst, Umwelt
ZNA – TOT

anfänglich negative Äußerungen, bis hin zu paranoiden / psychotischen Vorstellungen, Gefühlen

Steigerung von SVV

Der Verlauf ist absolut schematischer Natur und kann von Schwankungen der Emotionen begleitet werden; dabei kann der Eindruck entstehen, dass die Situation geklärt ist, während die Situation bewusst / unbewusst noch weiter abläuft. Auch HS´s können einem BDP in einer Aktionsschleife halten. D.h. er durchläuft ständig ein Teil des Schemas. Sollte so ein Zustand länger anhalten, ist professionelle Hilfe nötig (im schlimmsten Fall ZNA). Grundsätzlich gilt, je früher HS´s eingesetzt werden, je früher lassen sich akute Zustände neutralisieren. Läuft der Zustand unbewusst weiter, so ist er zwar minder akut, aber nicht minder gefährlich!!! Begleitend zu diesem System, ist die „innere Achtsamkeit" als permanentes HS; ohne dieses Verhalten/Fähigkeit, wäre ein Erfolg nicht durchführbar.

Schematisches Suchtmodel

Auslöser für Sucht

Rebellion, Medikation, Versuch

Entwicklung der Sucht

Psychisch

Radikale Veränderungen der Kontrolle

Radikale Anpassung,

Verschaffung von Erleichterung:

SVV

Menschen
Gesellschaftliche Normen
Partnerschaft

Freizeit wird auf Krankheit abgestimmt

Führung eines Doppellebens

Körperlich

Lebensumstände anfängliche

Erzielung von Erleichterung

Genus

Dazugehören

Droge als ständiger Begleiter

Angst ohne Droge nicht zu existieren

BDP, Seite 51

	Droge als Sicherheit
Rückzug in sich selbst,	Abbruch von Beziehungen
	Droge nimmt immer mehr Raum ein
Vernachlässigung:	
Gefühle	Bedürfnissen
Bedürfnisse	
	Nähe
Fähigkeiten	
	Äußeres

Leugnung:

Vergangenheit
Gegenwart
Zukunft
Verlust von Sozialer Kompetenz

Verleugnung:

	Fehleinschätzung von
Problemen	
	eigenem Bild
Konflikten	
	Sozialbild
Eigener Existenz	
	Drogenkonsum Wahrnehmung
Scheinexistenz	
	von Umwelt
	Sexualität

Aufgabe des eigenen Ich´s

Ausprägung der Sucht	Steigerung von Konsum Drogen
Nutzung von allen Ressourcen,	Sachen um sich weiter zu schädigen

Ablehnung von Hilfen
Zerstörung des Sozialen Umfeldes

Manipulation
Manipulation der Umwelt   Projektion

(Süchtige ist das Opfer, alle Anderen sind die Täter)

Zerrstörung der eigenen Psyche
Wahrnehmungsverlust

Mit der Zielsetzung des nicht mehr
Zurück könnens in eine Sozialen Umfeldes
Verlust der Suchtmilderung

	Drogen als Mittelpunkt des Lebens
Forensik	Drogenmilieu
Resignation, Akzeptanz	

Resultat:

Psychische Süchte können nicht aufgehoben werden, man kann nur lernen mit Ihnen zu leben. Damit ist die Sucht ein ständiger Begleiter der

Betroffenen und die Gefahr eines Rückfalls in des Suchtmodels ist sehr hoch.
Folgende Faktoren sind förderlich:

- falsche Therapie
- falsche Partner
- falsches soziales Umfeld
- Lebensrisiko

Bei psychischen Süchten ist eine Wechselwirkung von substanziellen Süchten sehr häufig. Da die psychische Sucht und die substanzielle Sucht sich miteinander Verketten können, ist eine getrennte Therapie aussichtslos.

Das Problem in der nicht substanziellen Sucht liegt in der Abhängigkeit zu anderen Menschen und zu sich selbst. Meistens werden solche Süchte durch Trauma ausgelöst und lösen sich nur durch gezielte Behandlungen. Die in folgenden Schritten sich als sinnvoll erwiesen, Behandlung der Sucht, DBT (speziell für Borderliner) und danach zum Schluss das Trauma. Dieses Konzept sollte in stationären Aufenthalten erfolgen; um einen möglichst effektiven Erfolg zu erzielen.

Substanzielle Süchte können nicht substanzielle Süchte entwickeln, da sie substanzielle Sucht rechtfertigen und fördern. Dennoch ist eine Therapie der substanziellen Sucht erfolgreicher, sofern der Betroffene lernt seine Sucht zu akzeptieren und deren Auswirkung.

Dieses gilt grundsätzlich Anerkennung dessen, was eine Krankheit aus macht ist der erste Schritt, etwas verändern zu wollen/können.

Nicht substanzielle Süchtige behalten ihr Suchtverhalten weitgehend und bedürfen der ständigen Betreuung, entweder durch den Staat oder die Betroffenen lernen es sich aus sich selbst heraus zu betreuen. Jedes überstarre, planvolle Schema des Lebens ist für nicht substanzielle Süchtige eine Falle in die Sucht zu fallen, es hilft nur über kurze ambivalente Situationen, temporär hinweg.

Ausnahmen sind hier BDP´s, da sie an extremer Emotionalität leiden und deren Emotionsstruktur; die nur durch gesondertes Training und Achtsamkeit nicht nur über das Leben, sondern in jeder Sekunde des Lebens erarbeitet werden muss, mit Blick auf ein ganzheitliches Spektrum. Hier liegt auch das Problem; die Aufgabe an BDP`S lässt sich nur in groben Zügen umschreiben und jeder BDP`ler muss ein individuelles System (Konzept) folgen, dessen Details er kennen und lernen muss, damit er nicht wieder in ein Suchtmodel verfällt.

Indikationen hinsichtlich der Sucht sind, gerade bei BDP`lern nur durch parallel agierende

Therapien möglich und durch spezialisierte Therapeuten, da viele Therapiesystem nicht funktionieren. Instrumentelle Konditionierung funktioniert nur, wenn die kognitive Seite im Vordergrund stehen, d.h. erklären, was mensch in der Therapie erreichen könnte. Dogmas sind für BDP`ler mit Sucht gerade das, was sie vermehrt in die Sucht treiben. Das Therapieren von Merkmalsausprägungen treibt einen BDP`ler weiter in der Suchtspirale nach unten, dabei nicht substanziellen Süchten genauso ein Hormonsturm im Gehirn erreicht wird, wie bei substanziellen Süchten, braucht ein Betroffener, nach Merkmalsausprägung – Therapie, doppelt so viel Merkmalsausprägungen in negativ Form, um den gleichen Effekt her zu stellen wie vor der Therapie; damit das Hormongewitter, das gleiche Niveau erreicht, wie zu vor, da ja der Grund nicht therapiert wurde, respektive Aufgelöst wurde, es besteht immer noch und kann damit auch weiter wirken in der Form der Suchtsteigerung.

Eindrucksvolles Beispiel sind Heroinabhängige, die zwar im Metadon – Programm sind, aber weiterhin Drogen konsumieren, da sie eine verstärkte Wirkung suchen, um das Heroin aus zu gleichen. Ohne substituierende Therapie, werden diese Menschen intensiver und weiterhin Drogen konsumieren, die Todesrate ist in diesem System sehr hoch. Statistiken hierzu sind leider nicht zugänglich.

Suchtmodell für Borderliner **von Nicolaus Dinter**

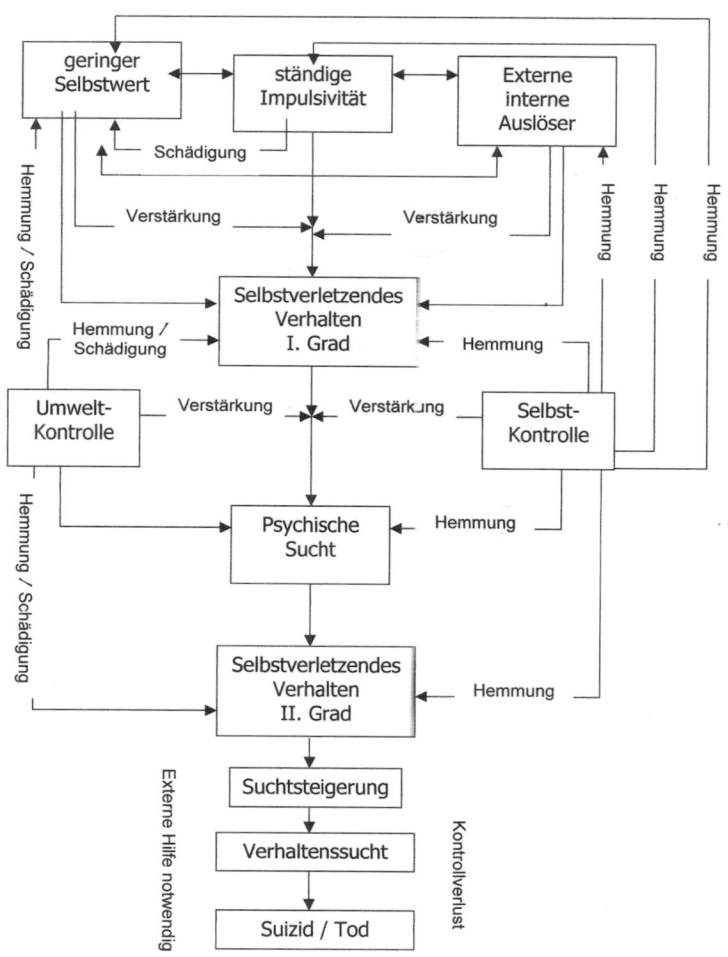

SVV ersten Grades ist die Sehnsucht nach „Selbstbestrafung" zur Regulierung der eigenen Empfindung.

SVV zweiten Grades ist die Durchführung von SVV als unabdingbare Folge der Empfindungsregulierung.

Die letzten nicht regulierenden Einwirkungen führen in die Sucht; wo es darum geht, nur noch ein ausgeprägtes Verhalten zu befriedigen und alle anderen Bedürfnisse definitive nicht mehr existent sind.

Das hier schematische Suchtbild beinhaltet nicht eine zeitliche Abfolge; sondern berücksichtigt (implizit) Unterbrechungen von bis zu Jahren, da die Rückfallquoten extrem hoch an zu setzen sind.

Eine ausgeprägte Sucht im psychischen Bereich, wird auf Grund der genetischen Verankerung, als fast nicht mehr irrevasibel bezeichnet.

Selbst bei einem Konzept ist der Weg aus der psychischen Sucht, vergleichbar wie ein Spaziergang auf dünnem, brüchigem Eis; wo ein Einbruch jeder Zeit möglich ist; aber der Weg aus der Sucht diesen Gang erfordert und er lohnt sich.

Bei BDP`lern ist die Veranlagung ein wesentlicher Bestandteil der Suchtentwicklung. Dabei könnte ein frühzeitiges Eingreifen; Therapieren einer Suchtentwicklung entgegen treten.

Jeder Suchtverlauf ist individuell und unterliegt den einzelnen Faktoren mit Unterfaktoren, biologischem Alter, psychischen Alter, sozialem Alter, Partnerschaft, Familie, Bildungsstand, Motivation, Therapiefähigkeit, Behinderung, Akzeptanz und der Fähigkeit Emotionen, Bedürfnisse, Situationen analytisch zu erfassen.

Nicht zu letzt ist der Wille des Einzelnen aus der Sucht heraus zu kommen ein entscheidender Faktor für Erfolg. Dessen Wille wird zum großen Teil dadurch beeinflusst, was an Informationen an dem Einzelnen angetragen werden.

Es gibt zwei unterschiedliche Arten die nur in ihrer Erscheinungsform zu unterscheiden sind; nicht substanzielle Sucht mit Hilfsmittel und nicht substanzielle Sucht ohne Hilfsmittel. Der wichtigste unterschied liegt in den Hilfsmitteln; als Beispiel sei hier genannt Computersucht, Spielsucht, die beide Hilfsmittel implizieren, deren Focusierung das Hilfsmittel ist und die Funktion einer Substanz übernehmen. Bei nicht substanziellen Süchten, wie Verhaltenssucht, Zwangsstörungen, bleibt die Sucht verdeckt, impliziert die nicht Entdeckung der Sucht selbst, vor anderen und sich selbst.

Bei psychischen Süchten ist die Auswirkung der körpereigenen trophischen Substanzen nicht zu unterschätzen. Je gesteigerter die Auffälligkeit der Sucht ist um so gesteigerter die Gewöhnung an körpereigen Substanzen oder deren Ausbleiben. Hier bilden sich dreierlei Gefahren; erstens die genetische Verankerung des Verhaltens, zweitens die Gewöhnung des Körpers an trophische Substanzen und drittens die Ersetzung der vorrangestellten Stoffe durch süchtig machende Stoffe, mit der Folge eine körperliche Abhängigkeit zu entwickeln.
Damit zeigen Abhängige nach psychischen Süchten die gleichen körperlichen Entzugserscheinungen wie körperlich Abhängige.

Liegt eine Doppelabhängigkeit vor, ist eine Behandlung fast aussichtslos; da beide Abhängigkeiten parallel behandelt werden müssten; mit der Zielsetzung, bei einer Stabilisierung, durch die psychische Abhängigkeit nicht wieder eine physische Abhängigkeit aus zu lösen und umgekehrt. Dabei lässt sich die körperliche Abhängigkeit schneller behandeln, als die psychische Abhängigkeit.

Grundsätzlich gilt, das Süchtige einen planvollen Umgang mit den zur Verfügung stehenden

Suchtmitteln nach außen und innen simulieren; aber hinter der Fassaden die Sucht so weit fortgeschritten ist, das ein anhalten oder neutralisieren der Sucht unausweichlich in professionelle Hilfe gehört.

Da Abhängigkeit schleichend ist und in den meisten Fällen nur von Außen zu diagnostizieren ist, sollte Suchtprävention nicht nur den Umgang erklären, sondern auch aufzeigen, was richtige Hilfe bei Suchtgefährdeten ist. (Die Unterscheidung von Selbstmedikation, Suchtgefahr, Suchtgefährdeten und Süchtigen ist hier sehr deutlich zu machen.) Bei BDP`lern ist es altersbedingt nicht mehr eine Frage der Diagnoseschwierigkeit, sondern eine Frage der Intensität einer Behandlung. Reicht es, am Anfang, einen BDP`ler auf zu klären und ihm hilfreiches Handwerkzeug auf seinem Weg durchs Leben zu geben; ist es später um so schwieriger, je länger die unbehandelte Behinderung andauert und das Umfeld regressiv ist, korrigierend ein zu greifen, wenn nicht sogar unmöglich. An zu merken sei auch, dass der menschliche Körper sich alle sieben Jahre erneuert, aber erlernte, genetisch abgespeicherte Informationen im Gehirn noch Jahrzehnte nach ihrer Verankerung, urplötzlich, durch ein Ereignis ausgelöst, wieder abrufbar sind und zwar ohne jegliche Lücken. Dabei können die genetischen Verhaltensweisen / Fähgkeiten zu

Zwangshandlungen, mit entsprechenden Konsequenzen führen.

Hier unterscheiden sich psychische und substanzielle Sucht; ein Substanzsüchtiger kann die Substanz vermeiden, wohingegen ein psychisch Süchtiger die Situation, in der die Sucht auftritt, nicht vermeiden kann; es sei den er würde aufhören zu leben.

Vergessen wir nicht, dass das Leben keine Einbahnstraße ist, noch perfekt planbar. Schicksal, wirtschaftliche Veränderungen und ähnliches sind auf eine Spanne von 70 – 80 Jahren in die Zukunft gerichtet, nicht vorhersehbar. Schauen wir einmal 70 Jahre in die Vergangenheit und versuchen (ca. 1940) ein „Handy" oder PC zu kaufen oder überhaupt zu finden.

Das unser Gehirn so funktioniert, ist evolutionstechnisch eine Überlebensstrategie, den wenn wir nicht situationsübergreifend lernen könnten, wäre wir schon ausgestorben. Bei der psychischen Sucht stellt uns aber genau diese Überlebensstrategie ein Bein, was einst unser überleben sicherte, führt uns bei Missbrauch zu einer Abhängigkeit.

Das Resultat einer Abhängigkeit, ist definitiv bekannt, ein qualvoller langsamer Tot.

Selbst, wenn wir aus uns heraus erkennen, dass wir Abhängig sind, ist der Weg lang und täglich ein Spaziergang auf einer Rasierklinge. Hier haben BDP'ler einen riesigen Vorteil, sie sind gewohnt ein Leben auf einer Rasierklinge zu führen.

Leider sind aber BDP's meistens, da untherapiert, durch äußere Einflüsse und Doktrinen stark gehemmt. Lernt ein BDP'ler in sein tiefstes Innere zu hören, Dialoge mit seinem ICH, ES und Überich zu führen, so besitzt er eine Chance.

Vollständigkeitshalber muss hier auf Suchtverlagerung eingegangen werden. Abhängigkeitsverlagerung ist ein natürlicher Prozess. Im Endeffekt beruht er auf der Strategie:

„Wenn ich mit dem einem System nicht zum Erfolg komme, dann suche ich etwas anderes, was mich zum Erfolg bringt."
Anthropologisch gesehen sinnvoll, doch auf eine Sucht angewandt nicht gerade ratsam, da diese Verankerung uns in der Sucht gefangen hält. Aber richtig eingesetzt uns ein überleben garantiert.

Hier steht rein formal die Tatsache, das der Mensch ein unfertiges, lebensunfähiges Wesen, von der Natur ausgestattet als sekundärer Nesthocker; in Abhängigkeit zu anderen Menschen stehen muss um zu überleben.

Hier dürfte auch eine der Elementaren Grundsätze für BDP´s verankert sein. Da BDP´s einen verminderten Selbstwert haben, brauchen sie Anerkennung zur Kompensation; durch die Umwelt. Da sie aber auch Unabhängig sein wollen retardiert die Umwelt; auf Grund der anthropologischen Vorraussetzung, durch eine Sozialabhängigkeit dieses Bestreben. Damit steht die Anerkennung im Konflikt zur Unabhängigkeit. BDP´s würden unabhängig sein, wenn sie lernen ihren eigenen Emotionen, Gefühlen und sich selbst als Quelle ihrer Antreiber zu nutzen. Allerdings darf dieses nicht in Selbstsucht (Narzissmus) ausarten.

Grundsatz auch hier, Gewalt, egal in welcher Form, führt automatisch von einer Sucht zur Anderen. Als Beispiel (und übertrieben): ein stark Sozialabhängiger, der mit Gewalt von der Befriedigung des Bedürfnisses abgehalten wird, wird auf Dauer seine Sucht auf Drogen verlagern. Mit ziemlicher Wahrscheinlichkeit, wird er nicht mehr in der Lage sein, sein verlagertes Bedürfnis auf seinen ursprünglichen Focus zurück zu führen.

Somit bedingt die Sucht eine Abhängigkeit und die Abhängigkeit fördert eine Sucht. Da der Mensch abhängig vom Menschen ist, dieser aber nicht zu jeder Zeit und jedem Ziel zur Verfügung steht und der Mensch im Laufe seines Lebens eine Sucht nach Menschen ausprägt; muss er seine Befriedigung der Sucht in anderen Objekten suchen und finden.

Da jetzt aber die Frage gestellt werden muss, ob eine Sucht destruktiv oder konstruktiv ist, bezogen auf die eigene Lebensführung; resultiert daraus eine Klassifikation der Momente und deren Suchtbefriedigung.

Hier haben BDP'ler einen immensen Vorteil aller anderen Menschen gegenüber, durch ihre Vielzahl an Emotionen, Gefühlen und Gedanken; diese können, wenn progressiv eingesetzt, die Sucht neutralisieren, respektive befriedigen. Theoretisch würde also ein Borderliner sich selbst genügen, sofern er die Kommunikationsbedürfnisse, Konformität außer acht lässt.

Abschließend bleibt fest zu halten, wir unter liegen alle einem gewissen Grad an Suchtverhalten, nur die Intensität und die Schädigung von uns und der Umwelt ist unterschiedlich und bedarf erst dann einer therapeutischen Behandlung, wenn eine eindeutige Schädigung vorliegt; egal in welcher Richtung. Also ist der Umgang mit Veränderungen und das festhalten von Liebgewonnenem eines der wichtigsten Indikatoren für uns, ob eine Behandlung relevant ist. Was wiederum ein hohes Maß an Aufklärung und Selbstverantwortung von uns verlangt.

Als Nachtrag möchte ich hier auf den „Konformitätseffekt der existenziellen Frage" verweisen, nach Stanley und Milgram, den ich um einen Aspekt erweitern möchte, wenn dieser Effekt auf eine suchtfördernde Gesellschaft trifft, dann kann dabei nur neue Süchte und Fehlverhalten herauskommen, was es Borderliner unmöglich macht, ein sogenanntes normales Leben zu führen, zumal BDP`ler eine Behinderung haben, die in obiger Gesellschaft einen suchtverstärkenden Effekt erfährt. Was dazu führt, das der Ausstieg aus der Sucht nur erfolgen kann, wenn man auch aus dieser Gesellschaft aus steigt. Dieser Teufelskreislauf sollte auf jedenfall konsequent unterbrochen werden, ansonsten halte ich jede Borderlinetherapie für sinnlos. Das bedeutet nicht, das Borderliner nicht ein geregeltes Leben führen können, nur eben nicht in einer Suchtsteigernden Umgebung.

Anmerkend sei erwähnt, das durch Therapie, die Station ZNA/TOT, im allgemeinen zur Sucht dritten Grades führt; da BDP´ler im SVV –

Verhalten springen können, können sie sich tarnen, in dem sie ein Suchtverhalten entwickeln, das gesellschaftlich anerkannt ist; damit sie nicht mehr auf fallen und sich extrem an die Umwelt anpassen. Ich bezeichne dieses Resultat als Therapieflucht eines BDP'lers. Er lehnt bei diesem Verhalten nicht nur die Therapie ab, sondern auch seine innerer Zustände, Emotionen, Vergangenheit und Gegenwart ab. Damit erzeugt er eine rein subjektive Realität, die der Realität objektive nicht mehr standhalten kann. Auf lange Sicht führt dieses Verhalten entweder zur Lebensunfähigkeit oder in den Tot. Bei therapierten BDP`lern ist der Lernerfolg eine gewisse innere Stabilität, die auch der objektiven Realität standhält, was sicherlich den einen oder anderen Krankenhaus Aufenthalt mit einschließt.

Ein guter Umgang ist, wenn man mit Menschen lebt, darauf achtet, das „Sucht" eine Randerscheinung bleiben und nicht im Mittelpunkt des Geschehens steht. Wenn man draußen lebt, Menschen trifft, wird man „Sucht" nicht vermeiden können, aber es ist die Frage, wie wir selber mit den Dingen umgehen und wann unsere Grenzen erreicht sind.

Ein Beispiel:

Menschen treffen sich in einer Sportkneipe, um ein Fußball Spiel zu sehen. Hier treffen folgende Süchte auf einander; das Eine ist der Konsum von Alkohol, evtl. auch andere Drogen, Kaffee, Nikotin. Kaffee und Nikotin, sind relative Größen, Ihre schädliche Wirkung ist nicht sofort sichtbar oder tritt sofort ein. Ein Kneipenbesitzer veranstaltet so eine Festivität, nicht, damit die Menschen einen schönen Fernseher bestaunen, sondern Alkohol konsumieren. Da steht, vordergründig, der Alkohol im Mittelpunkt und nicht das Spiel, denn sonst würde ja alle gespannt auf den Monitor gucken und nicht konsumieren.

Der Nebeneffekt, dass die Menschen auf ein Team sich fixieren und das andere Team untergehen sehen wollen, ist gewollt, hier wird das Sozialbedürfnis des Menschen ausgenutzt und eine homogene Masse erzeugt. (Hier sei auf Gustave Le Bon verwiesen, der ja das Phänomen ausführlich beschrieben hat.) Da diese Masse einer Verhaltenssucht nachgeht, verdrängt sie den Drogenkonsum aus ihrer Achtsamkeit, da ja das Spiel verkauft wird, damit gerade die Drogen und Verhaltenssucht ihren Zweck erfüllen. Menschen nehmen in solchen Situationen sich nicht mehr war, ihre eigene Persönlichkeit, mit all seinen Bedürfnissen wird so stark verdrängt, dass Menschen Dinge machen, die sie sonst nicht tun würden.

In solch einem Umfeld wird es nicht mehr möglich sein, sein Leben aktive zu gestalten, da es der Diktatur von Außen unterliegt, die freie

Willensentscheidung wird auf die Allgemeinheit abgelegt. Allerdings und das ist der Grund, warum Menschen gerne in solch einem Umfeld leben, auch die Verantwortung des eigenen Ich`s. Mal abgesehen, dass es einen Suchtcharakter erlangt, „die Erlebnisse machen einfach süchtig".

Trauma

Gerade im Umgang mit traumatisierten sollte jeder folgende Regel beherzigen, es gilt bei der Wahrheit zu bleiben, egal wie schmerzlich diese auch ist. Die Personen nach ihrem befinden zu fragen und zu reflektieren, sich würdig ihres Vertrauen zu erweisen, das positive in den Menschen sehen, reflektieren, und es in den Vordergrund behalten, stellen. Wollen sie positive mit Traumapatienten umgehen, schenken sie zu erst Vertrauen, aber belügen, hintergehen sie niemals einen Traumatisierten.

Wenn sie Offenheit erwarten, seien sie auch offen, glauben sie, solange an Vergangenes, Gesagtes, bis jemand das Gegenteil beweisen kann. (Die Beweise sollten jeder Gerichtsbarkeit, auch der göttlichen, stand halten.)

Nach dieser Einleitung sollten wir uns angucken, was ein Trauma eigentlich ist. Es gibt viel Literatur über einzelne Traumas, die sich sehr detailliert mit Trauma beschäftigen, aber nur wenige, die eine allgemeingültige Skala entwickelt haben. Ich möchte hier eine Skala veröffentlichen, wo ein weiterer Aspekt des Traumas einfliest, nämlich der Faktor Stress, der selbst aus positiven Ereignissen ein Trauma machen kann, weil die psychische Belastung für den Betroffenen so stark ist, das sich alte Traumas verbinden oder ein neues entstehen, verfestigen kann.

Verbinden sich mehrere Traumata, entsteht nicht nur ein neues, sondern verhindern eine Durchführbarkeit einer einzelnen Therapie der einzelnen Traumata; im übelsten können bei einem schweren, neuem, nicht klassifiziertem Trauma auch alte therapierte Traumata mit dem neuen verbinden und getrennt von diesem existieren, ob nun im verborgenen oder offen, es ist da und wird aktive bleiben, solange bis es lokalisiert werden und therapiert werden kann.

BDP, Seite 71

Traumarating

Rating									
-10,0 Lebensbedrohung, Schläge bis zur Verletzungen	-7,5 Straftatbestände, Hilflosigkeit bei der Durchführung von Dingen	-5,0 Verletzungen, dauerhafte Beleidigungen	-2,5 Schutzlosigkeit, leichte Kränkungen	0,0 alltägliche Dinge, zB. Rasieren, einkaufen	2,5 Selbstwertsteigerung	5,0 Dinge schaffen, die gut für den Selbstwert sind	7,5 Über sein Selbstwert hinaus wachsen	10,0 Unmögliches erreichen
unkontrollierbar ←								kontrollierbar →
Langfristige Auswirkungen				**Kurzfristige Auswirkungen**			**Mittelfristige Auswirkungen**	

Hier ist unkontrollierbar zu ergänzen mit Hilflosigkeit, Überforderung, Gewalt, indirekten (Zuschauer), direkten (Akteure) Ereignissen, Erfahrungen. Es ist eine passive Erfahrung, in dem der Traumatisierte die Erfahrungen nicht steuern kann, sie geschehen gegen den Willen des Traumatisierten.

Kontrollierbar ist nun nicht automatisch mit positiver Systematisierung gleich zu setzen. Hier gelten die gleichen Ergänzungen wie bei unkontrollierbar. Der Unterschied besteht nur in der Erscheinungsform, hier ist es schön, positive funktional, zukunftsorientiert.

An dieser Stelle, möchte ich Holmes und Rahe „Sozial Readjustment Rating" (1967) zitieren, die sich mit Stressoren und Stress befast haben. Sie gingen von einem absolutem Wert (100) des Stresses aus und untersuchten in Studien, wie Menschen auf einzelne Ereignisse reagieren. Da die Studien bis heute nicht wiederlegt sind und die Technik sich seit 1967 weiter verbessert hat und die Forschungsergebnisse der Autoren nur bestätigt haben und durch sogenanntes Biofeedback in Therapien Einzug gehalten haben möchte ich einen Auszug der Tabelle hier einfügen.

Lebensereignis	Wert
Tod des Ehepartners	100
Scheidung	73
Trennung vom Ehepartner	65
Gefängnisstrafe	63
Tod eines nahen Angehörigen	63
Verletzung oder Erkrankung	53
Heirat	50
Entlassung	47
Eheliche Versöhnung	45
Übertritt in den Ruhezustand	45
Gesundheitliche Veränderungen bei einem Familienangehörigen	44
Schwangerschaft	40
Sexuelle Schwierigkeiten	39
Hinzugewinn eines neuen Familienmitgliedes	39
Geschäftliche Umstrukturierung	39
Finanzielle Veränderungen	38
Tod eines engen Freundes	37
Änderung der beruflichen Tätigkeit	36
Fälligkeit einer Hypothek oder eines Kredites	30
Veränderung des beruflichen Verantwortungsbereiches	29
Sohn oder Tochter	

verlassen das Haus	29
Ärger mit den Schwiegereltern	29
Herausragende persönliche Leistungen	28
Ehefrau/mann beginnt oder beendet Berufstätigkeit	26
Beginn oder Ende der Schule	26
Veränderung der Lebensbedingungen	25
Umstellung der persönlichen Gewohnheiten	24
Ärger mit dem Chef	23
Wechsel des Wohnortes	20
Schulwechsel	20
Wechsel in der Freizeitgestaltung	19
Veränderung in der kirchlichen Aktivität	19
Veränderungen sozialer Aktivitäten	18
Veränderungen der Schlafgewohnheiten	16
Veränderungen der Essgewohnheiten	15
Urlaub	13
Weihnachten	12
Kleine Gesetzesübertretungen	11

Da diese Tabelle auf empirischen Werten basiert, ist sie repräsentative, stellt aber nur ein Mittel dar, kein Dogma. Um es zu verdeutlichen, würde ich gerne jedem Wert einen durchschnittlichen Rechenoperationen zuordnen; wobei 100 die Größte mögliche CPU Auslastung da stellt; d.h. die CPU kann nicht mehr als 100 Operationen ausführen, liegt der Wert darüber, wird ein Notaus betätigt. Nun lassen sich die Ereignisse zwar addieren, aber nicht die Zahlen, die Verknüpfung (genauso wie die einzelnen Bewertungen) sind individuell verschieden und kontaktieren alte Erfahrungswerte, die mit der Gegenwart abgeglichen werden müssen. Somit kann eine kleine Gesetzesübertretung bei einem Traumatisierten schon durch den Erfahrungsabgleich eine Notausschaltung oder ein neues Trauma hervorrufen; nur weil die Operationen, die das Gehirn leisten müsste weit über 100 liegt.

Auch hier gilt, das Ganze ist mehr, als nur die Summer der einzelnen Teile, was bedeutet, das wenn zwei von drei schon einen Wert von 100 erreichen, liegt das Ganze weit höher als ein summarischer Wert.

In den meisten Fällen, wird jetzt ein Zustand der Dissoziation hervorgerufen, da zu Später mehr, er sei hier erwähnt, damit das Schema klarer und deutlicher funktioniert.

Also, wozu sind Erinnerungen und deren Emotionen eigentlich da?

Die Antwort liegt in unseren Geschichte, gehen wir also von dem heutigen Menschen rückwärts. Der Mensch ist heute so sehr vom Verstand geprägt in einer scheinbar schneller werdenden Informationswelt, dass er, durch die Informationsmenge und die kürze der zur Verfügung stehender Zeit, eigentlich nicht in der Lage ist, die Umwelt in geeigneter Form war zu nehmen. Das bedeutet, wir müssen in kürzester Zeit Informationen Situationsgerecht verarbeiten, was wir mit Hilfe früher Erinnerungen, Erfahrungen, Erlernten und kognitiven Fähigkeiten machen.
Diese Fähigkeiten haben wir aus unser geschichtlichen Entwicklung ererbt. Der Urmensch war nicht in der Lage durch reine kognitiven Fähigkeiten, mittels Sprache, Schrift, daraus resultierenden Überlegungen, Situationen neu zu überdenken. Also konnte er mit seinen Gesten, Mimik, Grunzlauten ein beschränktes Repertoire an Kommunikation ausüben. Da er aber hervorragend auf seine erlernten Erfahrungen, Gelerntes, Erinnerungen zurück greifen konnte, konnte er die meisten Situationen perfekt beherrschen. Dieses Verhaltenschema haben wir in ca. 25.000 Jahren menschlicher Entwicklung antrainiert, vertieft. Dieses ist auch gut so, sonst könnten wir nicht in

Krisensituationen schnell und kompetent Hilfe leisten. Dennoch hat diese System ein „Pferdefuß".

Das Gehirn muss alle Informationen verarbeiten können, nicht nur im Bewusstsein, sonder auch im Unterbewusstsein. Geschieht dieses nicht, haben wir einen Haufen von Fehlinformationen, die das Verständnis, Erleben, Handeln in bestimmten Situationen negative, disfunktional beeinflussen.

Um es zu verdeutlichen, wir sind in dieser Situation nur in der Lage bestimmte Fragmente wahr zu nehmen und ergänzen diese durch das vorhandende Trauma (Nicht verarbeite Erfahrungen, Emotionen, Situationen). Daraus ergibt sich in unserem Inneren (Psyche) ein verfälschtes Bild oder gar konträres Bild der Situation, was dazu führt, erhebliche Fehlentscheidungen zu treffen, mit den daraus resultierenden Konsequenzen, für uns, für die Umwelt, für die Zukunft.

Hier sei auf Verhaltensanalyse, EMDR – Therapie verwiesen, dort wird das Problem effektiver aufgegriffen und Strategien entwickelt, diese konsequenter um zu setzen.

Jetzt haben wir ein ungefähres Bild eines Traumas, aber es reicht nicht um ein Trauma in seiner Entstehung oder möglichen Ursache zu begreifen. In der Fachliteratur, gibt es absolute entscheidende Dinge, die ein Trauma auslösen.

Das heißt, egal, wie gut wir konstituiert sind, es bleibt eine primäre Erinnerung daran erhalten; hier sei noch mal auf Holms und Rane verwiesen und meiner Einteilung.
Wie prägend diese Erinnerungen, Erfahrungen sind, das ist individuell verschieden, und kann nur im Einzelfall begutachtet werden.

Hier nun eine Auflistung, deren Reihenfolge willkürlich ist:

Gewalt (in jeder Form)
Verletzung der sexuellen Selbstbestimmung
Verwahrlosung (Betrifft nicht nur Kinder)
Krieg
Vertreibung – Flucht (generell)
Inhaftierung
Fehlender Schutzraum
Unfall
Behinderungen
Verlust von Gesundheit
Mobbing
Stalking
Isolation
Tot
Einschränkungen in der Persönlichkeit
Beleidigungen
Mord-, Drohungen
Destruktive verlaufener Streit
Übermäßige Parties

Übermäßiger Drogenkonsum, auch wenn nur gelegentlich

Es ist ein Überblick; ob eine Situation zu einem Trauma wird oder nicht, hängt von dem Individuum und von vorhergehenden Traumata ab. Ein Mensch, der schon ein Trauma hat, das nicht verarbeitet ist, ist leichter zu traumatisieren, als ein Mensch mit einer guten psychischen Konstitution, bei gleicher Situation.
Viele Menschen, besitzen ein Trauma, von dem sie nichts wissen, ob dieses Trauma irgendwann zu einer PTBS führt, hängt von den zukünftigen Erlebnissen ab, die wir nicht steuern können. Wie stark dann die PTBS ist, ist individuell verschieden und richtet sich nach der Anzahl der Traumata, individueller Konstitution, Intensität, sozialem Umfeld und nicht zu Letzt von förderlichen oder hemmenden Bedingung in der Regulation ab (siehe Suchtschema).

Hier eine Liste mit Symptomen von DTBS:

- Störung der Affektregulation mit risikoreichen und impulsiven Verhaltensweisen.
- Selbstverletzendes Verhalten und suizidales Verhalten.
- Schwierigkeiten Konflikte zu modulieren.
- Selbstvorwürfe, Schuldgefühle, Scham, Gefühl isoliert von anderen Menschen zu sein.
- Dissozative Symptome.
- Somatoforme Körperbeschwerden.
- Fehlende Zukunftsperspektive, Verlust von persönlichen Grundüberzeugungen.

- Panik Zustände. (Ausbildung von Phobien).

September 2011, Handbuch der Psychotraumatologie

Sollten mehrere Störungen aus obiger Liste vorliegen, darf man schon von einer PTBS sprechen und sollte einen Psychiater, Arzt, oder am besten stationären Aufenthalt suchen.
Die meisten PTBS lassen sich nur stationär behandeln, je nach Grad der Schwere, kann dieses mehrere Monate in Anspruch nehmen. Bleiben die Störungen unbehandelt, sind sie nicht nur eine Belastung für einen selbst, sondern auch für die Umwelt. Die Belastung kann so stark sein, das sie zu Eigen-, Fremdverletzung führen könne. Sind alle Symptome eines Traumas weitegehend auf ein regulatives Niveau reduziert, kann man an das eigentliche Trauma arbeiten; dieses wird nie wieder neutralisiert werden können, aber der Umgang mit dem Trauma, den Konsequenzen, den Symptomen und sich selbst, den kann man lernen.

Bis hier haben wir uns Traumata und ihre Wirkung aus der Sicht von Normalos angeschaut, wie sieht so etwas für Borderliner aus?

Da gehen wir kurz noch mal auf die Einleitung zurück, wie ich versucht habe Borderline

Disorder Personality zu beschreiben. Nimmt man also die Intensität der Gefühle und das Ungleichgewicht der Waage und paart das mit einem Trauma, so erhält man die Auswirkungen für BDP´s.

In einer Formel ausgedrückt würde es folgender Maßen aus sehen:

$$(G * W * T)^2 = PTBS$$

G steht für Gefühle, W für das Ungleichgewicht der Waage und T für Trauma, sowie PTBS für Posttraumatische Belastungsstörung. Wieso aber zum Quadrat? Ganz einfach, das sich bei Borderliner die Symptome nicht nur multiplizieren, sondern Quadrieren, so erhält man ein extremes Zerrbild dessen, was für normal erachtet wird. Damit hat man ungefähr eine Vorstellung, was Traumas in Borderliner anrichtet.

Die Auswirkungen, Symptome, können sehr vielschichtig sein, sie reichen in der Regel vom völligen Rückzug bis hin zur Drogenabhängigkeit mit Todesfolge. Eigen- oder Fremdverletzung, sowie ein Sprung vom Opfer zum Täter in all den

Fassetten, die an Möglichkeiten zur Verfügung stehen sind innerhalb der Bandbreite. Die Intensität, verläuft aber innerhalb der Parameter für Borderliner. Sofern keine geeignete Therapie gewählt wird.

Hier noch eine Anmerkung zu Therapie, bei Trauma und BDP als Diagnose, sollte extrem darauf geachtet werden, das die Reihenfolge; erst DBT für Borderline und dann Trauma eingehalten wird. Alles andere geht schief und richtet mehr Schaden an, als es die Vorstellungskraft des Lesers zu lässt.

Aber auch hier gilt es ist kein Dogma, sondern eine Bandbreite in der man sich bewegt. Keine Regel ohne Ausnahme. Vorverurteilungen, Druck und Alltagspsychologie sind hier definitive fehl am Platz. Versuche zu verstehen, hilfreiche Hinweise und Kontrolle der eigenen Emotionen auf beiden Seiten sind hier ratsamer als Vorwürfe. Und nicht zu vergessen, externe Hilfe so früh wie möglich in Anspruch zu nehmen. Auch hier gilt, der Hilfesuchende muss seine Hilfe benennen können, mensch kann nicht helfen, sofern die Hilfe nicht benannt wird, Außenstehende können nur die Hand reichen, mehr können sie nicht tun, jede Einmischung wäre falsche Hilfe. Bei BDP`lern gilt noch verstärkend, nicht an Symptomen (Merkmalsausprägungen) herum zu therapieren, da diese sich verdoppeln im Falle eines

Springens. D.h. wenn ein BDP'ler seine einmal erworbenen Merkmalsausprägungen verändert, ohne dass das Merkmal (hier Trauma) behandelt wird, braucht ein BDP'ler doppelt so viele Merkmalsausprägungen, um den gleichen Effekt zu erzielen (siehe dazu Schematisches Suchtmodel).

Kritik an meinen Ausführungen, sind sicherlich, das für Borderliner wieder einmal nur wenig Platz in den Ausführungen ist, liegt aber daran, dass alleine über Auswirkungen von Trauma bei BDP ein ganzes Buch geschrieben werden könnte, genauso wie Therapie. Ich halte mich an die Gesamtheit, damit ein einigermaßen klarer Überblick über Borderliner Disorder Personality erlangt werden kann und nicht nur ein Teilgebiet explizit gesehen wird, da alle Teilgebiete sich mit einander Verketten, zusammen wirken und verstärken. Damit ist eigentlich auch kein klarer Überblick mehr möglich, da meistens (80 – 90% aller Fälle) die Symptome, Ursachen, Einsichten, soziales Umfeld, Wahrnehmung und, und, und miteinander nicht nur agieren, sondern eins werden.

Also ist ein Verständnis über Borderliner und Normalos nur zu erlangen, wenn man über die Wertigkeit eines Normalos geht und daraus die Spezialität des Borderliners ableitet. Da ich versuche einen allgemeinen Überblick über BDP zu erlangen, kann ich auch nur allgemeingültiges

Wissen, mit der Anführung individuellen Beispielen, über BDP schreiben. Und das geht nur über obigen Gedankengang. Kritik, Verbesserungen sind jederzeit gerne angenommen, sofern diese der Allgemeingültigkeit dienen.

Abschließen möchte ich mit einer Empfehlung, der Film „Ein Leben für ein Leben" (2009) ist ein hervorragendes Beispiel für Trauma Therapie mit Erfolg.

Dissoziationen

Kurz beschrieben sind es Wahrnehmungsstörungen, die über Sekundenweise bis hin zu Tage andauernder Verringerung der Realitätsverarbeitung führen können.

Diese Zustände sind eindeutige Symptome und sehr differenziert wahr zu nehmen, ein Teil des Symptoms kann der Betroffene nur selber wahrnehmen, der andere Teil des Symptoms kann nur durch Fremdwahrnehmung festgestellt werden.

Schauen wir uns das Symptome als allgemeine Systematik an, was bedeutet nun Wahrnehmungsstörung?

Wir nehmen eine Menge von Informationen auf, die uns helfen unsere Umwelt zu registrieren. Aber nur einige von diesen Informationen sind wichtig genug, um uns zu helfen eine Situation richtig ein zu schätzen und angemessen zu verarbeiten. D.h. wir nehmen mit unseren Sinnesorganen Informationen auf, diese werden mit Hilfe von Nervenbahnen und elektrischen Impulsen an unser Gehirn (evtl. durch das Rückenmark) geleitet und im Gehirn adäquat verarbeitet. Soweit der praktische Ablauf, der Psychische geht wesentlich weiter, auch wenn er sich biologisch erfassen lässt.

Nehmen wir an, das eine Information, bis sie verarbeitet worden ist, ca. 100 Schnittstellen durchlaufen muss, die eigenständig entscheiden, was mit der Information geschehen soll, so ergeben sich mindesten 100 Möglichkeiten Informationen fehlerhaft zu verarbeiten. Gehen wir weiter davon aus, das diese 100 Schnittstellen wiederum ihrerseits drei Möglichkeiten kennen, würde die Fehlermöglichkeit auf 100^3 steigern. Im normalen Wahrnehmungsmodus ist dieses nicht problematisch, das es ständig kontrolliert und revidiert wird, aber in einer Dissoziation, geraten diese Kontrollmechanismen außer Kontrolle. Das Ergebnis ist eine Verschiebung der Wahrnehmung, bis hin zu aussetzen der Realität. Das heißt im Extremfall betätigt das Gehirn ein Notaus und die betroffene Person registriert keine weiteren Umweltreize, um sie zu schützen, vor Überlastung.

Dieses System ist ein Schutzmechanismus vor Überlastung, tritt es aber zu häufig auf, auch nur in Teilen, dann ist dringend Hilfe angesagt. Hier liegt der Schlüssel für Borderliner, diese nehmen nicht nur intensiver, sondern auch differenzierter ihr Umwelt wahr. Durch Erziehung, nicht Akzeptanz der Behinderung und eigenen intensiven Gefühlsstrukturen, etc.p.p. sind bei BDP`lern die Verarbeitungsmechanismen nicht mehr im normalen Bandbreiten, sondern verschoben in der Verarbeitung, so das eine Verarbeitung nicht konstant gewährleistet ist und es laufend zu Fehlern im Entscheidungsmodus kommt. Dieser Zustand ist sehr häufig bei nicht therapierten BDP´s an zu treffen. Gelingt es BDP`lern diesen Kreis zu durchbrechen und ihre Wahrnehmung und Verarbeitung auf ihr individuelles Muster zu konzentrieren, dann würden auch Fehler in dem System nahe null laufen und somit eine bessere Umweltkontrolle vor zu finden sein. Bei akuten Syndrom von Borderline, fehlen Verarbeitungsstrukturen und die betroffene Person ersetzt die Verarbeitung mit gewohnte Denk- und Verhaltensschema, ohne differenziert zu unterscheiden.
Dieses führt zu Reflektion und Regression, die nicht adäquat für die Situation und Personen ist, die mit einem akuten Borderliner zu tun hat.

Hier möchte ich einen Denkanstoß geben; es steht außer Frage, das hier eine Therapie dringen notwendig ist, aber die Therapieziele diesbezüglich sind dann in Frage zu stellen; da die Ziele meisten aus Anpassung ans Durchschnittliche oder zu Homosexualität führen und genau das sind die Ziele, die langfristig zu noch höheren Spannungen und Fehlleistungen führen. Ich persönlich würde ein Ziel der Individualisierung erheblich sinnvoller halten, als weiter in eine Nachahmungssituation einen Menschen zu therapieren. Wer natürlich keine Hilfe will, dem kann man auch nicht helfen und genauso sollte man es dem Betreffenden auch deutlich machen. Es ist ein Denkanstoß, der Diskussionswürdig ist, aber hier zu weit führt.

Was ist nun mit Dissoziationen und Trauma? Wir haben in Trauma gesehen, das eine Potenz bei Borderliner ausfindig zu machen ist, die eine Potenz habe ich in Dissoziationen näher beschrieben, die nicht Traumatisierung zur Grundlage hat. Wenn beide Systeme auf einander treffen, so kann es passieren, das sie sich verstärken und eine Grundblockade in der Verarbeitung da stellen, die sich nicht in Einzelschritten oder Gesamttherapie einfach lösen lassen. Hier ist viel mehr der Borderliner gefragt, sich mit sich, allgemeinem, spezifischen Fachinformationen und dem Willen zur Änderung auseinander zu setzen. Dabei geht es einen möglichst neutralen Standpunkt ein zu halten und nicht sein persönliches Ego zu befriedigen, das bedingt uneingeschränkte Offenheit sich und anderen gegenüber.

An zu merken ist auch, das sich auf Grund von Trauma, Dissoziationen mit Paranoiden Wahnvorstellungen koppeln können und dann wäre dieses eine Verhaltens Potenzierung die nicht nur weit von der Realität liegt, sondern extreme Existenzen hervorruft, deren Zusammenleben mit einer Umwelt fast nicht mehr gestaltbar ist. Mal abgesehen, von traumatisch bedingter Schizophrenie, die gleiches bewirkt.

Hier sei noch einmal ausdrücklich darauf hin gewiesen, Normalos bewegen sich bei 3 – 5, Borderliner liegen bei der Intensität bei 25 – 50 oder im schwersten Fall weit darüber.
Damit wird aus der Formel:

$$(G*W*T)^2 = PTBS$$

$$(G*W*T)^{(2*D*P)} = PTBS - Gesamt$$

Dabei ist G = Gefühl, W = das Ungleichgewicht der Waage, T = Trauma, D = Dissoziation, P = Paranoidität (Verlagerung in psychische Auffälligkeiten) und PTBS = Posttraumatische Belastungsstörung.

Hier möchte ich einen Einschub setzen, der vielleicht verdeutlicht, wie die Funktion der Psyche bei Borderliner aus sieht. Yerkes und Dodson, haben 1908 ein Gesetz zur Steigerung der Leistungsfähigkeit entwickelt.

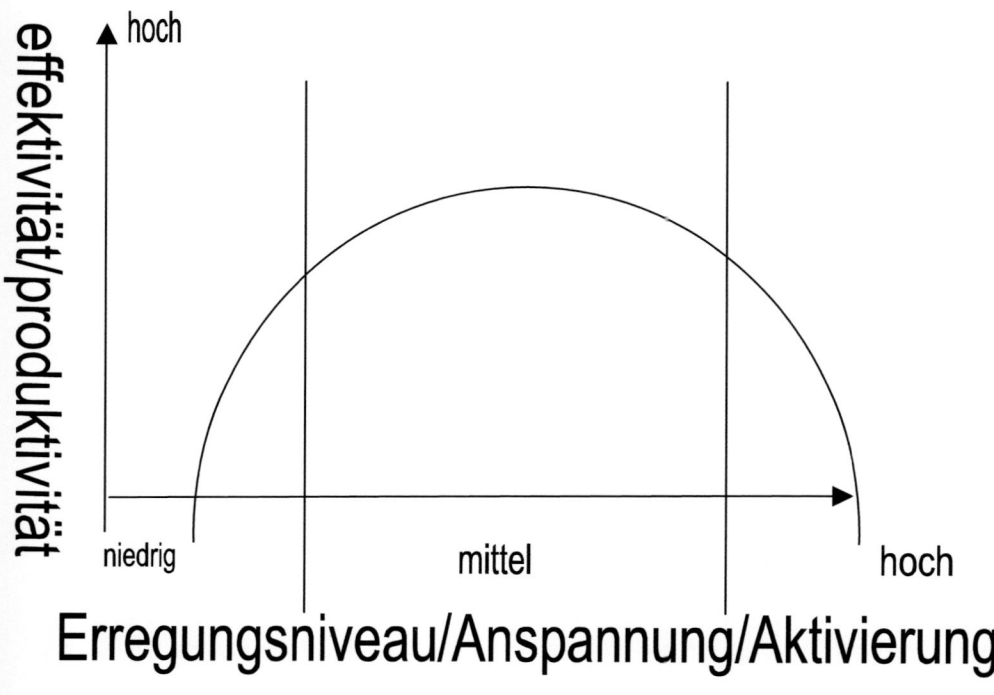

Yerkes – Dodson – Gesetz geht davon aus, das Menschen ihre höchste Leistung entwickeln, sobald sie eine mittlere Anspannungsniveau erreichen.

Ich möchte dem Model die Motivation hin zu fügen, das würde bedeuten, ist die Motivation negativ eingestellt, dann würde die Produktivität auch ins negative gehen. Das berührt zwar nicht den Korrelationskoeffizienten, aber das Ergebnis. Damit sehe die Graphik wie folgt aus:

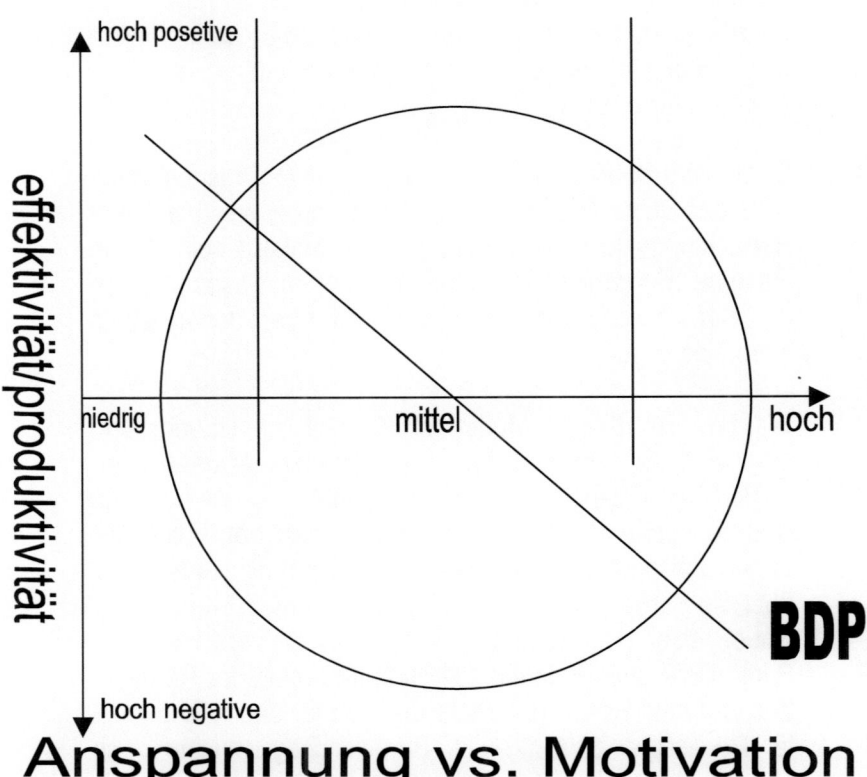

Hier habe ich gleichzeitig die Leistungskurve für Borderliner eingetragen; die konträr zu dem verläuft, was bei Normalos zu trifft. Dieses liegt daran, das je höher die Anspannung eines Borderliners ist; die ja einen hohen emotionalen Anteil einnimmt, des so mehr braucht ein Borderliner seine Kapazitäten, um diese Anspannung zu ertragen, zu verarbeiten und/oder zu reagieren; und um so geringer wird sein Leistungsniveau nach außen hin, in der Fremdwahrnehmung.

Damit wird deutlich, warum landläufig davon ausgegangen wird, das Borderliner nicht stressfähig wären, was bei dieser Betrachtungsweise des Stressmodels hinfällig sein dürfte. Resume, Borderliner müssen unter hohen Anspannungen ein Stressniveau aushalten, die weit über denen eines Normalos liegt.

Warum also dieses Model im Kontext zu Trauma und Dissoziationen, ganz einfach, wenn Borderliner unter einer PTBS leiden, dann haben sie ein Daueranspannungsniveau, was sie bis an den Rand der Lebensfähigkeit bringt. Da einzelne Spitzen dieses Niveaus über die Suizidschwelle gehen, sind Borderliner Dauer Akut, wobei sich der Zustand in Form von verschiedenen Persönlichkeitsstörungen zeigen kann und n der Regel im Suizid endet. Es ist der ideale Zustand für das Suchtmodel für Borderliner SVV II – III. Berücksichtigt müsste noch werden, das der Zustand nicht kontinuierlich abläuft, sondern in einzelnen Schüben, dabei ist ein Borderliner eine Gefahr für sich und/oder Andere.

Eigentlich würde ich hier schließen, kann aber nicht umher, darauf hin zu weisen, das die Auswirkungen viele Gesichter haben und bei weiten den Umfang sprengen würde, wenn ich hier alle einzeln Aufzählen würde. Aber ich möchte darauf hinweisen, sollte man den Verdacht hegen, dass ein Borderliner ein akutes Trauma hat, sollte man ihm zu einer Therapie anhalten; wenn möglich Stationär.

Vollständigkeit halber, sollte ich meine Einteilung von Trauma einfügen, da es auf der Kombination von Stress und Trauma beruht, da ein Trauma ein nicht verarbeitetes Stresserlebnis ist, gehe ich davon aus, das auch positives Erleben einen traumatischen Effekt erzielen kann. Damit können positive Ereignisse nicht nur Traumata helfen auf zu heben, sondern auch zu weitere Traumata führen.

Hier die Graphik:

Rating									
-10,0	-7,5	-5,0	-2,5	0,0	2,5	5,0	7,5	10,0
Lebensbedrohung, Schläge bis zur Verletzungen	Straftatbestände, Hilflosigkeit bei der Durchführung von Dingen	Verletzungen, dauerhafte Beleidigungen	Schutzlosigkeit, leichte Kränkungen	alltägliche Dinge, zB. Rasieren, einkaufen	Selbstwertsteigerung	Dinge schaffen, die gut für den Betroffenen sind	Über sein Selbstwert hinaus wachsen	Unmögliches erreichen
unkontrollierbar ←								kontrollierbar
Langfristige Auswirkungen			Kurzfristige Auswirkungen			Mittelfristige Auswirkungen		

Warum haben positive Ereignisse nur eine kurz – bis mittelfristige Auswirkung, einfach aus dem Grunde, weil wir schon seit Urzeiten darauf programmiert sind, negativen Ereignissen mehr Aufmerksamkeit zu schenken, als positiven. Das bedingt das Bewusste, wie das Unbewusste, da wir aus dem negativem Lernen mussten, um beim nächsten Anzeichen von ähnlicher Gefahr, adäquat zu reagieren.

In der Graphik ist das positive als aufhebendes Element berücksichtigt, wen dem nicht so ist, würde es als unkontrollierbar eingestuft werden müssen. den ein Trauma kann nur entstehen, wenn es unkontrollierbar ist, damit es aktive im Lymbischen System und / oder großem Balken sich verankern kann.

Hier wäre ein Forschungsansatz, da bei verstärkten Spannungsaufbau, Borderliner dazu neigen, ein System von

Gedankengängen respektive ein System der Verknüpfungen von Erlebten, Erlerntem, Kognitiviertem und Variablen in gang zu setzen, was die Symptome und Spannungen so wie Leistungsfähigkeiten in Verbindung bringen, bis hin zur Unkontrollierbarkeit.

Anmerkung des Verfassers, da ich davon ausgehe, das die Intuition des Vorbewussten bei einem Borderliner nicht vorhanden ist oder verkümmert ist, fehlt einem Borderliner auch die Möglichkeit, genau zu entscheiden, ob eine Sache, Situation oder Objekt evtl. nicht das ist, wonach es aus sieht und daraus ein schwarz – weiß – Denken resultieren kann. Sprich durch die Annahme des Bewussten – Unbewusstem nur zwei Möglichkeiten existent sind; der positivem vs. negativen Standpunkt. Wobei heraus zu finden wäre, was ein Borderliner mehr fürchtet, das Bewusst werden einer Sache oder das Unbewusste. Was wahrscheinlich nach Art und Umfang des akuten Zustandes variieren wird.

Bei BDP'lern ist die Phase, in dem das innere Pendel in ruhe steht, nicht ein Zustand der kognitive, sondern Emotional hergestellt werden muss, da nur in diesem Zustand idealpsychische Weiterentwicklung möglich sind. Das heißt, sobald die innere Waage eines Borderliners keine intensiveren Gefühle und einen Grad der Erschöpftheit verursachen, kann nach einer Zeit der Entspannung ein neues Gefühl der Entwicklung entstehen und realisiert werden.

SVV, SSV

Selbstverletzendes Verhalten ist auf den zweiten Blick, mehr als nur eine Dimension, selbstverletzendes Verhalten schließt auf jeden Fall ökonomisches, psychisches und physisches Verhalten ein, mit dem Ziel sich Verletzungen zu zu fügen.

Ökonomisches Verhalten ist im extremen, Kaufsucht, aber auch, wenn man dazu neigt, Dinge zu kaufen, die man nicht braucht. Das heißt, Menschen, die sich und/oder anderen durch Geld ausgeben Schaden zu fügen, betreiben ökonomische Selbstverletzung.

Physische Selbstverletzung, d.h. den meisten Menschen, kommen sofort BDP`ler in den Kopf, die sich selber schneiden. Es muss nicht gleich so extrem sein, Extremsport oder sich die Lippen blutig beißen, oder darauf rumkauen sind genauso SVV wie alles andere. SVV ist alles, was sich oder anderen Schaden zu fügt, Bewusst oder Unbewusst.

Psychische Selbstverletzung ist recht perfide und ist mit physischen einhergehend. Angefangen mit eine Abhängigkeitsbeziehung bis hin zu destruktiven Verhalten in Beziehungen. Dabei sind nicht immer partnerschaftlich Beziehungen gemeint, sonder generell alle Beziehungen zu Menschen. Meisten fühlen sich die BDP`ler, die sich mit Beziehungen selbst verletzen sehr wohl oder scheinen mehr als nur überglücklich zu sein.

Eine gute Krisen Skizzierung ist folgend Auflistung, wo ich noch mal darauf hinweise, es geht um Gefühle:

- " mehr Tagebuch oder überhaupt wieder Tagebuch schreiben
- sich in Arbeit stürzen, viel tun, was eigentlich nicht das ist, was dringend getan werden müsste. Beschäftigung mit allem Möglichen, nur nicht mit dem, was gefordert ist;
- dringende Suche nach Kontakten aller Art {...} oder aber Menschen meiden;
- glauben, morgens nicht aufstehen zu können {...}
- mit den Gedanken an Selbstverletzung spielen, Selbstverletzung in alle Einzelheiten ausmalen;
- daran scheitern den Alltag sinnvoll zu strukturieren {...}
- ein "Hauch von Angst", der unerklärlich ist, der sich zwar wegschieben lässt, aber doch beunruhigt
- Spiegel meiden
- keine Lust mehr einkaufen zu gehen
- heftiges Verlangen nach Alkohol, Aggressionen, Streiten
- eine immer mehr um sich greifende, immer weniger beherrschbare Unordnung {...}
- Unentschlossenheit
- immer weniger Interesse am "Außen"
- Dinge kaputt machen {...}

> - *sehr viel rauchen oder essen oder aber gar nichts mehr essen*
> - *starke Verlustängste entwickeln und denken, alles zu verlieren;*
> - *alles hinterfragen;*
> - *Schlafstörungen {...}"* (gefunden auf einer Internetselbsthilfestelle.)

Es ist der Schmerz, der Borderliner aus Ihrer Emotionalen Falle wieder zurück ins Leben holt. Ganz ohne Schmerzen können Borderliner nicht existieren, es ist nur die Frage der Intensität. Das bedeutet, Borderliner müssen sich immer spüren können, ohne diesen Maßstab, geraten Borderliner immer in eine emotionale Schieflage. Sie müssen ständig in sich hinein hören, damit sie ihre Emotionen mit der Realität abgleichen können.

Der Verlauf der SVV ist aus dem Unbewussten ins Bewussten; was kein Weg übers Vorbewusstsein geht oder sich im Bewusstsein manifestiert; es geht um Handlungen, Verhalten, Emotionen. Hierfür sprechen viele Berichte, wo sich BDP'ler von außen bei der SVV zuschauen konnten; diese Erfahrung habe ich selber auch gemacht; mit dem Ergebnis, dass ich keine Möglichkeit hatte regulierend ein zu greifen, wenn sich die SVV konkretisiert.

Damit kommen wir zu der nächsten wichtigen Hilfssystem, nämlich der Achtsamkeit mit den fünf Sinnen.

Im Gegensatz dazu steht SSV (Selbstschädigendes Verhalten), da geht es, profan gesprochen, darum nicht nur SVV zu vermeiden, sondern sich dem Risiko aus zu setzen, sich Verletzen zu können, entweder durch äußere Umstände oder selber als Folge von SSV. Es dient auch hervorragend zur Anpassung an die Umwelt, da SSV in der Regel als anerkanntes Mittel im Leben akzeptiert, toleriert und gefördert wird. Spielsucht, riskante Fahrweisen, sich Gefahrensituationen aussetzen, Andere provozieren, um Ärger zu bekommen; Streit oder Beziehungsbeendigungen, sich in missbräuchliche Beziehungen begeben, mit dem Ziel Missbraucht oder Vergewaltigt zu werden; dieses ist nur eine kleine Liste, aber unser tägliches Leben gibt uns unendlich viele Möglichkeiten, SSV zu begehen. Damit können BDP'ler hervorragend nicht mehr klinisch auffallen, therapiert sind sie deswegen aber keines Wegs....

Die Grenzen von SSV und SVV sind schleichend und von Individuum zu Individuum sehr verschieden.

Achtsamkeit

Der Sinn kommt aus dem Zen, man nimmt die Umwelt mit allen fünf Sinnen war und zwar so intensive, das man sonst nichts weiter wahrnimmt.

Ein kleines Beispiel, ein Mönch wurde mal gefragt wie er das macht, er antwortete darauf:

„Wenn ich gehe, gehe ich, wenn ich esse, esse ich, wenn ich schlafe, schlafe ich."

Dieses hört sich leichter an, als getan, versuchen Sie mal eine Banane nach diesem Prinzip bewusst zu essen, alles war nehmen, was die Banane ihnen vermittelt, mit allen fünf Sinnen. Nichts anderes tun, als die Banane essen....Banane greifen, abschälen, riechen, fühlen, sehen, hören, schmecken, ...lassen sie sich Zeit und wenn sie es beim zweiten mal machen merken sie schon eine Erweiterung ihres Bewusstsein.

Dieses Prinzip der Umweltwahrnehmung, wird auch von einigen Soldaten gefordert, die auf Scharschützenposition liegen, ohne Richtschütze, sie müssen in der Lage sein, jede Veränderung wahr zu nehmen, dazu gleichen sie ständig alles um sie herum ab und reagieren auf Veränderung, angemessen.

Jetzt sind wir beim Training, was so lange betrieben wird, damit es ein ständiger Begleiter eines BDP ler ist. Wobei er nicht nur die Umwelt wahrnehmen muss, sondern viel tiefer in sich hinein hören kann, damit es nicht zu SVV kommt.

Das hört sich alles leicht an, aber vergessen wir nicht, wie schwer es ist Emotionen war zu nehmen, sie erkennen und ein zu sortieren, damit sie keinen Schaden anrichten können. Das ist in etwa das, was BDP'ler lernen und praktizieren müssten, 24 Std. am Tag. Das ist nicht nur eine Herausforderung für Normalos. Es ist aber möglich, auch wenn sehr schwer, aber dafür wird man auch belohnt, mit dieser Art von Achtsamkeit, erschließen sich auch die schönen Dinge im Leben, wie intensive die Sonne auf einmal sein kann, das ist außerhalb der Worte.....es ist wie die Welt in Deinen Händen. Denke nur Du könntest die Musik nicht nur hören, sondern so tief fühlen, das sie zu Deiner Welt wird, Dir Kraft gibt, alles andere zu überwinden.

Abschließend sei noch mal Bemerkt, ohne Achtsamkeits-Training und regulierende Wirksamkeit, folgt SVV und zwar unter umständen unkontrolliert, damit hängen Achtsamkeit und SVV zusammen, genauso wie Hilfssystem (auch Skills) und akute Zustände; alles in einen Topf geworfen und kräftig durchgerührt, ergeben einen nicht therapierten BDP'ler. Sprich ein BDP'ler gilt als untherapiert, wenn er nicht gelernt hat, jedes ihm zur Verfügung stehendes Hilfssystem zur Regulierung seiner Emotionen adäquat ein zu setzen. Mit der Zielsetzung, das er sich in einem System der emotionalen Waage hält.

Objektkonstanz

Ein vielfach verwendeter Begriff in der Psychologie, einerseits bezeichnet er die Frühkindliche Bindung zu einem Elternteil (meistens die Mutter) zum anderen wir er omnipotent eingesetzt und genau darum geht es mir, es scheint; nach Studien von differenzierter Fachliteratur, ein Merkmal zu sein, das sich nicht nur auf Menschen, sondern auf alle Objekte in unserem näheren und weiteren Umfeld handelt. Dabei geht es nicht nur um Beziehungen, die einen aktuellen Bezug zu uns besitzen, sondern auch um Dinge, die uns in unseren Vergangenheit eine entscheidende Rolle (Bewusst, Unbewusst) spielen.

Es sind also Bindungen, die eine positive oder negative Rolle in unserem Leben gespielt haben und somit ist ihre Wirkung in unseren Gegenwart immer noch spürbar, sei es auf emotionaler, gedanklichen oder auf der Meta – Ebene. Sie können unser Handeln, Verhalten oder sprachlichen Wirkungskreis beeinflussen, sie sind nicht nur Vergangenheit und Gegenwart zu gleich, sondern auch unsere Zukunft. Da Menschen von einer Wertkonstanz ausgehen, werden diese Dinge auch nie an Bedeutung verlieren. Dieses ist auch gut so, da wir durch das Mittel der Objekte eine Lebenskonstanz erzeugen; hier muss ich gestehen, dass bis heute mir das komplette System der Übertragenen Konstanz nicht sehr geläufig ist, im Grunde gehe ich davon aus, das der Mensch mit Hilfe der Objektkonstanz sich eine Art Haltegerüst für das alltägliche Leben baut, damit er in einer Krisensituation eine Art

Ausweichsystem besitzt, um eine innere Stabilität herstellen zu können oder halten zu können.

Da BDP'ler dazu neigen konstruktive Objektkonstanzen zu zerstören, das sind sie ja von frühster Kindheit gewohnt, durch aktives, passives Vorleben, fühlen sie sich mit Konstanzen nicht besonders Wohl, dieses bezieht ihr soziales Umfeld, Partnerschaften, Freunde, Wohnung, Therapie –n, -Beziehungen ein. BDP'ler müssen in kleinen Schritten (hier sei auf das Prinzip der kleinen Schritte bei Panikstörungen verwiesen) lernen, Konstanzen zu ertragen, ohne diese zu Idealisieren oder zu zerstören. Schutzraum, alleine sein, Selbstverantwortung, pflege von sozialen Kontakten und einiges mehr sind dabei die kleinen Schritte, die individuell mit einem BDP'ler erarbeitet und konzeptioniert werden müssen. Durch eine geeignete Therapiemethode können BDP'ler dann auch in der Lage sein, eine Objektkonstanz nicht nur zu ertragen, sondern auch zu lieben und zu suchen. Dabei sei noch mal darauf hin gewiesen, das BDP'ler erst mal ein Gefühl dafür entwickeln müssen und ein Gefühl für eine Objektkonstanz katalogisierend im Gefühlsstruktursystem ab zu speichern. Ohne das Gefühl für so ein Konstrukt, geht es bei BDP'lern nicht. Der reine kognitive Sachverhalt einer Objektkonstanz, bewirkt bei BDP'lern rein gar nichts, im günstigsten Fall können sie darüber lernen diese Situation aus zu halten. Es ist zwar ein wesentlicher Bestandteil (die Kognition) aber wenn ein BDP'ler nicht gelernt hat „schöne" Dinge zu genießen, sprich für schönes ein Gefühl zu entwickeln, ist alles bemühen vergebens.

Da Normalos durch Konformität und Stabilität nach einer Objektkonstanz suchen, haben BDP'ler hier einen guten Ansatzpunkt, sich selber zu Verletzen, in dem sie hier disfunktional agieren und alles an Konstanzen zerstören, was in ihrer Nähe erscheint; um alleine ihre erlernte destruktive Objektkonstanz aufrecht zu halten.

Manche BDP'ler „springen" auf diese Schiene, damit sie sich weiter in SVV III – Grades üben können, nur um nicht wieder in die Klinik zu müssen oder gar eine Therapie zu machen und sie sind damit hervorragend gesellschaftlich anerkannt, da wir zumindest in Deutschland, in einer destruktiven Gesellschaft leben und selten konstruktive Genome vorfinden.

Feindbild

Dieses Schema, ist mir das erste mal bei Gustave Le Bon in Psychologie der Massen beschrieben und erklärt vorgekommen, es schien mir logisch, das es auf Massen beschränkt bliebe, aber inzwischen musste ich durch eigene Erfahrungen fest stellen, das es sich hierbei um ein Phänomen handelt, das bevorzugt von einzelnen Personen betrieben wird.

Da ich es nicht eindeutig BDP`lern zu ordnen kann, werde ich es als allgemeingültig und einer neuen Art von Abwehrstrategie zu ordnen, wobei ich es nur als empirische Beobachtung feststellen konnte, es aber nicht durch klinische, oder statistische Beobachtung als untermauert an zu sehen ist.

Es dient zur Herstellung einer primären Objektkonstanz und zur Abwehr innerer Konflikte mit der Realität, das Prinzip ist sich einen äußeren Feind zu kreieren, der den äußeren Zweck erfüllt, das äußere Chaos zu ordnen, seine innere Wut und Hass, Verzweiflung, Unfähigkeit und auch Fantasien nach außen zu kanalisieren und sehr wichtig zu fokussieren auf eine Person, die erst imaginär, dann aber konkretisiert wird, dabei muss die Person nicht den zugeschriebenen Attributen entsprechen, es entsteht ein halluzinatorisches Bild, dessen realen Bezüge nicht vorhanden sind. Die Person ist somit als Feindbild identifiziert und wird gehalten, damit eine scheinbare Ordnung des Selbst hergestellt und aufrecht erhalten wird (Objektkonstanz). Dabei ist die reale Person anders als sie von der „kranken" Person klassifiziert wird, es entsteht eine halluzinatorische Wahrnehmung der Realität, Umwelt, eigenen Beziehungen und Wahrnehmungen des selbst.

Beispiel:

Ein Mann (A.) ging eine Partnerschaft zu F. ein, während der Partnerschaft wurde F. bewusst, das sie über Jahre Missbraucht und Misshandelt wurde. A. stellte sich der neuen Situation und passte sein Verhalten, intensiv auf die Bedürfnisse von F. ein, unterstützt von einem Psychologen, mit dem F. öfters sprach. F. befand sich in einer betreuten Einrichtung mit Ganztagsbetreuung. F. beschloss aus der Einrichtung aus zu ziehen, A. half ihr dabei, als F. nun ihre eigene Wohnung hatte, trennte sie sich von A. ohne Begründung aber mit der Bitte, A. möge sie nicht ansprechen und warten, bis F. sich wieder meldet. Ein halbes Jahr später bekommt A. einem Schreiben von Gericht, in dem er der Vergewaltigung und Missbrauch bezichtigt wurde. Während der Gerichtsverhandlung kam heraus, das F. alles erfunden hatte und gelogen hatte. Das gemeinsame Kind verblieb bei F., A. hat aus Schutz vor Repressalien keinen weiteren Kontakt, vor allem, seit F. A. in der Nachbarschaft als Drogenjunkie und krank bezeichnet hat und einen Mordanschlag auf A. verübte.

Hier wird deutlich, das kaum eine Abwehrstrategie hier zu tragen kommen kann, da die bisherigen Strategien sich nicht auf konkrete Handlungen mit bewussten/unbewussten

Tötungsabsicht zielen. Es ist auch auffällig, dass der persönliche Schutzraum Expotential groß ist, was Kriminalpsychologisch auf eine gesteigerte Aggressionsbereitschaft hin deutet; verstärkend kommt hin zu, dass Gewalttäter nach außen extrem angepasst sind und Meister in der Tarnung. Damit währe die Strategie Feindbild eine der gefährlichsten Strategien, um eine größere Anzahl von Konflikten in den psychischen Griff zu bekommen. Wie häufig sich solche Strategien in jüngster Zeit manifestieren, ist leider nur schwer bis unzureichend zu dokumentieren. Aber ich setze auf die Zukunft, und eine Menge an Forschungsarbeit, hier tätig zu werden.

Angst

Die Antriebsfeder schlecht hin. Anthropologisch betrachtet, ist der größte Angsthase, der, der am weitesten gekommen ist. Ohne Angst hätte es keine Erfindungen gegeben oder irgendeine Entwicklung. Also, Angst zu haben ist Okay. Die Angst wird im Lymbischen System des Cortex verwaltet und liegt damit dem Trauma sehr nahe, also siehe weiteres bei Trauma.

Bei BDP´s ist eine Besonderheit bei Ängsten fest zu stellen; sie besitzen in der Betrachtung von „Außen" eine diffuse Angst, sind aber im „Inneren" genauso strukturiert, wie „Normalos". Die meisten Angststörungen beruhen auf eine geringe hierarchisch sortierten Ängsten, bei BDP`lern kann es aber passieren, besonders, wenn sie nicht therapiert sind, das sich diese Ängste auf ein Niveau befinden und durch ihre Gleichwertigkeit, keine gerichtete Zielrichtung besitzen, aber einen gleichwertigen Ausdruck finden, der sich dann in sich verstärkt.

Auch hier sind die Symptome von SSV und SVV nicht eindeutig; Selbstschädigendes Verhalten kann nun wirklich alles sein, wenn es die Bandbreite des Normalen überschreitet, Selbstverletzendes Verhalten, ist hingegen eindeutig zu erkennen. Suizidalität ist eine unbewusst ablaufendes Symptom, was nur in positiven Verläufen von Außen zu erkennen ist, ansonsten läuft es fast ohne „äußere" Symptome ab und endet meistens mit Erfolg.

Elementar ist hingegen, das die Angst so abläuft, das eine ursprüngliche Befürchtung, Annahme, bestand hat; auch wenn sie in der Vergangenheit berechtigt war, aber nicht der jetzigen Realität entspricht, alte Erfahrungen und Konstrukte in die jetzige Situation einstrahlen, transportiert werden über das, was geschehen könnte, ohne es mit der Korrektheit der aktuellen Situation, Aktion, Empfindung ab zu stimmen. Angst entsteht immer dann, wenn wir nicht verstehen, wissen, erahnen oder sonst irgendwie greifbar machen könnende Situationen, Emotionen oder auch nur Vermutungen erfahren, die wir nicht klassifizieren können.

Auch hier gilt, der genetische Faktor ist nicht unerheblich, auch wenn in der Forschung bis jetzt kein eindeutiger Marker festgestellt wurde, so konnten durch Langzeitstudien belegt werden, das es in bestimmten Familien zu Anhäufungen von Ängsten kommt. Die weiteren Faktoren sind soziales Umfeld, Veranlagung, erlerntes Verhalten und Entwicklungsdefizite. Wann es zu einem Angstzustand kommt oder diese Ausbricht, ist einzig vom Individuum abhängig.

Noch mal ein Hinweis, ich beschreibe das Merkmal, nicht die Merkmalsausprägungen, diese sind subjektive und sehr differenziert, es würde bei weitem den Umfang sprengen, darüber zu berichten; es ist mir auch wichtig, mich auf Besonderheiten zu konzentrieren und mich nicht in „bekannten" Definitionen zu verlieren.

„Defizitäres instrumentelles Verhaltensrepertoire, das mit einer niedrigen", positiven „Verstärkungsrate assoziiert ist." (Wittchen et al., 2006) Diese Erklärung bringt es auf den Punkt.

Ausagieren

Agieren wird in einem alten Duden auch als „Rollen spielen" übersetzt, damit ist schon ein wichtiger Aspekt genannt, der sich nicht nur mit den Mythen des Selbst paart, sondern auch dazu dient, eine Rolle zu spielen, damit ein Dritter und mensch selbst das eigentliche Ich nicht erkennt.

Da aber bei BDP'lern das Ausagieren nicht reicht, neigen die meisten dazu zu Manipulieren, zu Lügen und Schutzfunktionen auf recht zu halten. Es ist also schwirig dort hingehend zu arbeiten, dass diese Spannungsverschiebung auf gelöst wird und zum eigentlichen Kern der Konflikte vor gedrungen werden kann. Nicht jede Schutzmauer kann so einfach eingerissen werden, in manchen muss erst behutsam eine Tür eingebaut werde.

Projektionen und Verdrehungen der Wahrheit auf Grund von Wahrnehmungsfehlern sind nicht selten. Die einzelnen Systeme, die angewendet werden sind sehr vielschichtig und lassen sich nicht erfassen, hier hilft nur Erfahrungen, entweder durch eigenes Agieren oder durch Erleben der Manipulation. Auf sehr vielen Therapiestationen gibt es deswegen auch genügend Gesprächssysteme, die dabei helfen sollen, solche Vorgänge auf zu decken, da diese Vorgänge bei den Betroffenen und Manipulierenden, unbewusst, in den meisten Fällen, verläuft, ist es bewusst, kann mensch das sehr leicht durchbrechen.

Hier liegt eine Objektkonztanze vor, da die Strategie das Ausagierens in der Vergangenheit positive für den Agierenden verlief, wird sie vertieft und verfeinert, solange bis der Agierende nicht mehr anders kann. Dafür braucht er auch nicht sich selber zu sehen, denn er projiziert alles auf einen Fokussierten Punkt in dem es nur schwarz und weiß gibt, wo keine Reflektion ist, wo das eigene Ich ausgeblendet wird. Dafür werden die altbekannten Vorurteile und Lebenslügen als Bestätigung eingesetzt und es wird versucht diese zu bestätigen, damit mensch das Leben nicht sieht und in der eigenen emotionalen Gefangenenwelt bleibt. Entwicklungen und wahres Erleben sind an diesem Punkt nicht mehr möglich.

Im Gegensatz zur Projektion, dient Ausagieren nicht den Zweck, durch Verschiebung von Konflikten auf ein Gegenüber, damit der Konflikt nicht selber erleben sonder nach außen auf eine Dritte Person projizieren zu können. Ausagieren ist mehr der Versuch eine „Schutzmauer" gegen sich und den anderen Personen zu man festieren, damit bestätigt wird, alle sind „böse".

Beispiel:

„Hallo,
das Treffen hatte leider negative Auswirkungen in Form von Identitätsverwirrungen, verstärkter Angst, Depressivität, Selbsthass. Die Wohnung und Kontaktlosigkeit schützen die meiste Zeit vor negativem Selbstbild. Die Isolation begünstigt Narzissmus und Größenwahn.
Deine Erscheinung ängstigt mich auch sehr. Am Telephon klangst Du jung und schwul.

Ich bin es gewohnt in einer Gedankenwelt zu leben, die Realität macht mir Angst."

Grüße

Diese SMS habe ich um 22:30 Uhr erhalten. Eine Intension war sicherlich, ich rufe zurück, habe ich aber nicht getan, des weiteren weist die Person schon darauf hin, dass sie an Narzissmus und Größenwahn leidet, also kann ein Kontakt mit der Realität und der Personen nur zu Konflikten führen, respektive, ich mache ihr Angst, da ich ihr Selbstbild nicht bestätige und wie ich aus dem Kontakt mit Ihr wusste, hat ihre Mutter sie immer klein und für unfähig gehalten, damit ich jetzt der wirklich böse bin müsste ich reagieren, wie sie es von mir erwartet, sie anrufen und weiter mit der Realität konfrontieren, zeigen, das ich genauso bin wie ihre Mutter. Ich entschloss mich, nicht zu reagieren und es auf sich beruhen zu lassen, da jeder weitere Kontakt, auch spätere Klärung in extremen Wiederspruch zu Ihrem Narzissmus und Größenwahn steht.

Idealisierung

Bei den meisten Menschen sind es nur Mythen des eigenen Selbst, diese sind ja auch Gesund, wenn mensch den Leitsatz verfolgt so oder so möchte ich sein. Bei der Idealisierung entsteht eine Steigerung, da geht es nicht mehr um einen Wunsch, sondern es erwächst ein Bedürfnis, so oder so muss ich sein. Das kann nun in zwei Richtungen wandern, zum einen in eine destruktive zum anderen in eine konstruktive Richtung.

Bei den meisten BDP´lern ist es so, das sich ein Idealbild von dem entwickelt, wie sie selber sein wollen und wie sie in der Umwelt sein wollen, ihre Arbeit, ihr Kochen, ihre Existenz, ihr Verhältnis zur Familie etc. Dort reicht es nicht, nur zu sein, nein, es sind konkrete Ansprüche, die sie erfüllen müssen, diese Ansprüche liegen meist höher als mensch in der Realität erreichen kann aber BDP´ler müssen dann 160 % (Prozentpunkte sind ideell) von dem zu erreichenden erreichen. Das dadurch Konflikte entstehen, erst recht im Zusammenprall mit der Realität, die alles andere als Perfekt ist, ist glaube ich jedem klar. Es geht aber nicht bei BDP´lern darum, immer dieses Bild der Idealisierung zu erreichen, sondern im Vordergrund steht der Konflikt.

Beispiel des Schneiden, dort steht nicht immer im Vordergrund, das mensch sich wieder geschnitten hat, auch wenn mensch weiß, das er es nicht tun soll, sondern eher der Konflikt, der daraus resultiert, das mensch sich schneidet, was er es in der Realität ja tut, zum Anspruch es nicht zu tun. Es ist nicht das Problem, das er sich geschnitten hat, das könnte ein BDP`ler noch handhaben, es ist der Konflikt, jetzt kann ich mir wieder Vorwürfe machen, das bin ich ja gewohnt, das machen meine Eltern/Partner ja auch, ich bin ja auch deswegen nichts Wert, wenn ich nichts wert bin, wozu soll ich dann ein Selbstwert haben, wozu soll ich dann aufhören mich zu schneiden, dann kann ich ja auch so weiter machen, obwohl ich eigentlich nicht will.

Alleine daran sieht mensch, wie das Schema eines BDP`ler läuft, der Konflikt wird in diesem Fall destruktive genutzt, er dient nicht zum Ansporn, etwas zu verändern oder sich zu entwickeln. Bei jedem BDP`ler laufen nun allerdings verschiedene Dinge ab und die muss ein BDP`ler erst mal erkennen, das muss er selber, da kann mensch ihm nicht helfen, er muss es auch wollen.

Dieses ist nur eine Form der Idealisierung, es gibt viele Vorstellungen von Idealisierungen im Bereich der Familie, was Struktur, Verhalten, Erscheinung und ähnliches betrifft, die Ideale eines BDP`ler sind nicht begrenzt, er hat von jedem Segment des Lebens eine Idealvorstellung, die er zu 160 % erfüllen möchte. Aber die Gelassenheit zu erlernen, es hin zu nehmen, das die Dinge anders sind als sie erscheinen oder aussehen, oder eben nur „Gut und Böse" sind. Ein Gefühl dafür zu entwickeln, ist für BDP`ler sehr schwer, es ist grundsätzlich schwer, ein neues Gefühl dafür zu entwickeln, wovor wir Angst haben. Veränderungen sind immer unangenehm, aber wir müssen uns täglich weiter entwickeln, sonst bleiben wir irgendwann auf der Straße des Lebens liegen.

Subjektivität vs. Intersubjektivität

Bevor ich hier anfange, mich in eine Diskussion zu begeben, möchte ich vorläufig, nur darauf hinweisen, das BDP'ler gerne dazu neigen ihre eigene subjektive Wahrnehmung als Realität zu verkaufen. Dieses ist ein sehr fragliches Verhalten, was auch andere Menschen betrifft.

Es geht darum, sich als BDP'ler von der Realität zu entfernen, so weit wie möglich, damit es eine Rechtfertigung dafür gibt, sein eigenes Verhalten nicht weiter zu hinterfragen, bzw. die Rechtfertigung zu haben nichts zu ändern und mit seinem gewohnten Verhalten weiter fort zu fahren.

Es dient aber auch als Schutzmauer, um die Realität, nicht sehen zu wollen oder sie eben nicht wahr zu nehmen.

Ein wichtiger Aspekt der Subjektivität ist es, das sie als Hilfsmittel des „Ausagierens" steht und geschickt eingesetzt einen Therapeuten dazu bewegen kann, im bewussten, unbewussten, die Funktionen aus zu führen, die ein BDP'ler gerne als Resultat sehen möchte. Hier spielen wieder die alten gewohnten, antrainierten Verhaltensweisen eine wichtige Rolle, die kennt ein BDP'ler und die Gefühle sind vertraut und gewohnt, damit kann er leben, das sie aber destruktive sind und nicht Situationsgerecht, ist eine andere Sache.

Also könnte mensch es so zusammenfassen, dass Subjektivität als Funktion zur Destruktivität steht und diese nur durch Intersubjektivität auf gehoben werden könnte. Es ist also an einem BDP`ler, sich es zu eigen zu machen, die Dinge intersubjektive zu sehen, damit er nicht wieder in alte Gefühls- und Schemasysteme verfällt und damit destruktive wird.

Individualität und Subjektivität sind durch aus schöne Dinge, nur sollten sie für einen Menschen gelten und nicht Intersubjektive oder als Realität dienen für oder gegen andere Menschen.

Homosexualität oder in welche Richtung geh ich?

Nach reichlicher Recherche, komme ich hier zu einem persönlichen Rückschluss, der zwar wissenschaftlich fundiert ist, aber da die Wissenschaft sich nicht einig ist, versuch ich Ordnung in ein Chaos zu bringen. Ich versuche so neutral wie möglich zu bleiben, was mir wahrscheinlich aber nicht gelingen wird; denn es fließen auch meine persönlichen Erfahrungen mit ein.

Anthropologisch gesehen oder bei den Naturvölkern geschaut, sind Homosexuelle etwas heiliges, da sie sehr selten vorkommen. Gemeint sind Menschen, die tatsächlich rein Homosexuell sind, die tatsächlich eine homosexuelle Orientierung besitzen, kein homosexuelles Verhalten.

Wenn mensch den wissenschaftlichen Thesen glauben schenkt, dann ist unsere erste Bindung zu einem anderen Menschen der Ausschlag gebende Punkt, an dem sich alles entscheidet, was unsere Bindung, Beziehungsverhalten in späteren Jahren prägt. Weiter Faktoren sind Sozialisation, Familie und auch Moralvorstellungen.

Wenn mensch einen reinen Homosexuellen sucht, so wird dieser eine Reihe von Entwicklungsstufen haben, in der Kindheit angefangen; mit unerklärbarer anziehender

Wirkung auf das eigene Geschlecht; mit bis hin zu reinen Homosexuellen verhalten, ohne den Drang, den Wunsch, nach heterosexuellen Kontakten zu haben. Es wird auch der andersgeschlechtliche Hass fehlen. Dieser kann sich durch offene Bekundungen zeigen oder durch extreme freundschaftliche Anziehung zum anderen Geschlecht als Freund/in.

Die Entwicklung geht im allgemeinen gradlinig, d. h. ohne große Ausschweifungen zum anderen Geschlecht, außer den Versuch es zu probieren, aus zu testen, wie das andere Geschlecht funktioniert, aussieht oder es eben „schmeckt", diese Ausflüge sind in der Regel von kurzer Natur und bringen einen Homosexuellen nur die Homosexualität näher. Hier ist auch die Toleranzgrenze zwischen richtigen Homosexuellen und „gespielten" sehr gering, Homosexuelle die es wirklich sind, bewegen sich in sehr schmalen Toleranzgrenzen, erst wenn kein Zweifel an der Homosexualität gibt, ist von einer reinen Homosexualität aus zu gehen, besteht nur der geringste Zweifel und sei es nur eine geringe Ahnung, so ist diese genauestens zu überprüfen.

Dem gegenüber steht das homosexuelle Verhalten, hier geht es nicht um homosexuell zu sein, sondern damit eine Schutzmauer auf zu bauen, die einem den Weg zu sich selber verwehrt. Solche Beziehungen können von kurzer Natur sein oder Jahre andauern.

Die Hauptcharakteristika sind nach lesbischen und schwulen Verhalten zwar zu trennen, es gibt aber bei beiden eine Überschneidung, sie haben das gleiche

Merkmal, nur ihre Merkmalsausprägungen sind unterschiedlicher Natur.

Bei der weiblichen Homosexualität geht es den Verlust der Mutter und der Bindung zu verhindern und durch den Versuch der Verschmelzung mit einem weiblichen Partner, diese Erfahrung zu neutralisieren. Da der Vater die vernachlässigende Rolle einnahm und das weibliche nicht würdigte, oder aber von der Tochter erwartete sich in eine männliche Rolle zurecht zu finden, entsteht nicht nur ein Hass auf alles männliche, sondern eine passive Abhängigkeit zur Partnerin, sie nicht nur zu verlieren in Persona, sondern auch die eingegangene Verschmelzung, was wiederum gerade bei BDP`lern die Folge hat, sich eines ambivalenten Verhaltens zu zuwenden; ich liebe mich ich hasse mich oder ich liebe dich und ich hasse dich, daraus resultiert nicht nur ein Gewaltpotenzial in der Beziehung, sondern eine dauernde Frustration, da weder der Hass noch die Sehn<u>sucht</u> nach Liebe gestillt werden kann. Hier greift auch ein sexueller Missbrauch ein, er lässt in der Frau die Emotion wecken, dass das weibliche abscheulich ist und nur durch eine übertriebene mütterliche Haltung oder aber maskuline Züge ausgeglichen werden kann. Hier greift das System des ungeliebten Kindes, welches emotional, körperliche, soziale Vernachlässigung erfuhr, sich dann aus eine misslungenen Verbindung zur Mädchenwelt, in späteren Jahren; teilweise sehr spontan und im fortgeschrittenem Alter, in der Suche nach Erfüllung des eigenen Geschlechts in eine Gleichgeschlechtliche Beziehung flüchtet. Dieses muss nicht geschehen und es sind nicht alle Faktoren erfasst, die dazu führen, aber es ergibt sich eine Häufung von Homosexuellen Beziehungen im späten Alter; d.h. spontaner Wechsel von einer heterogenen Beziehung hin zu einer homosexuellen Beziehung und umgekehrt. Genau hier lässt sich auch Transvestietentum eingliedern, es geht also in erster Beziehung darum Wunden die in der Kindheit entstanden sind nicht zu heilen sondern ein Abwehrmechanismus der Symptome zu benutzen und die entstandenen Wunden zu lindern, allerdings verstärken sich die „Wunden" und werden in einigen Teilen so unerträglich, dass es nicht selten im Suizid endet.

Bei homosexuellen Männern, oder der Handlung von Homosexuellen, kommt noch ein Gefühl der Omnipotenz hin zu, diese ist bei Frauen weniger zu finden, als bei Männern. Dieses Gefühl, sich durch eine „verbotene" Handlung an Gleichgeschlechtlichen ein scheinbares Vitalitätsgefühl zu sichern.

Bei BDP'lern wäre noch das Gefühl seinen Körper zu spüren, in ein Nichts zu verschwinden und am Leben zu sein eine ausgesprochene Triebfeder. Dieses Verhalten, Merkmale durch verschiedene Merkmalsausprägungen in eine Richtung zu steigern, damit mensch die restlichen Merkmalsausprägungen nicht mehr spürt, ist eine Gefahr, in eine Sucht zu gelangen, die in eine pathologische Sucht sich steigern kann.

Bei beiden ist es zu finden, dass die Erforschung des „fremden" eigenen Geschlechts, auf sich selbst projiziert wird; das heißt, in dem Augenblick, wo ich mit dem gleichgeschlechtlichen Partner Sexspiele betreibe, Versuch ich mir gutes zu tun und meine Selbstbefriedigung zu erlangen, was ich aber nicht schaffen kann, da der andere Partner ja anders empfindet, als ich, also sind die Reaktionen anders als meine, treiben mich aber an, tiefer zu gehen und eine stärkere Stimulation zu erlangen. Je weiter ich dieses Spiel vorantreibe, um so weiter entferne ich mich von mir selbst, was zu ungelösten unbewussten / bewussten Konflikten führen kann, die in einer Katastrophe enden müssen, da sie sich an einem Punkt schlagartig entladen. Erst ist es die Intensität des Orgasmussees, später wenn dieser Zustand abflaut (ähnlich einer substanziellen Sucht, wo der anfängliche Drogenrausch auch stärker ist), dann entstehen Spannungen, die sich nicht lösen lassen, da ja die eigene Person auf den gleichgeschlechtigen Partner projiziert wird und dieses als Abwehrmechanismus aufrecht erhalten werden muss, damit der Zustand der Homosexuellen Verhalten erhalten werden kann um sich nicht selber zu erkennen oder die eigenen Inneren Konflikte zu lösen; nicht selten geht dieses mit massiven Wahrnehmungsfehlern der Umwelt ein her, Lügen, in die mensch sich so sehr verstrickt, das ein konstruktiver Weg unwahrscheinlich wird. Am Ende steht immer der Suizid, sei es physisch, psychisch oder ökonomisch.

Um aus der Falle wieder heraus zu kommen, geht dieses nur durch Therapie und der Erkenntnis, das mensch sich Selbst zu entdecken; zu erforschen hat, aber Vorsicht, Selbstreflektion, Achtsamkeit, Ehrlichkeit und Offenheit sind hier die wichtigsten Hilfsmittel.

Quellen:

- Eigene Beobachtungen an meiner Person.
- Austausch mit anderen Borderliner/in
- Birger Dulz, Angela Schneider, „Borderline – Störung, Theorie und Therapie", F.K. Schattauer, 1995
- H. – D. Rösler et al, „Medizinische Psychologie", Spektrum, 1996, 1987
- Atkinsons und Hilgard, „ Einführung in die Psychologie" Spektrum, 2007
- Anna Freud, „ Das Ich und die Abwehrmechanismen", Fischer, 1984, 1936 Erstauflage, USA
- „Durchgeknallt", 1999, 2009 Sony – Picture, DVD
- Sigmund Freud, diverse Schriften, Erscheinungsjahr nicht näher bezeichnet
- Verschiedene Internetquellen, Blumenwiese.org, Borderlinerchats, private Seiten. Dienten zur allg. Übersicht.

- „Ein Leben für ein Leben", Erscheinungsjahr unbekannt, 2009 auf 3L – Video erschienen.
- „Verblendung", 2011, 2012 erschienen bei Sony – Pictures, DVD
- „Die Kinder des Monsieur Mathieu", Erscheinungsjahr unbekannt, 2004 Constantin Film, DVD
- „Das Experiment" Erscheinungsjahr unbekannt, Euro Video, DVD
- PKH – Rickling, Station 14, 2011
- Spaziergang auf einer Rasierklinge, K.W., 2011
- „Weibliche Homosexualität", Elaine Siegel, 1996
- Diverse Ausbildung, durch 4. PSV, IHK – Koblenz, Trialoge, Seminare u.a. Roger Fischer, Marschall B. Rosenberg.
- Alle Bücher oder Filme auf zu zählen, sprengt den Umfang des Buches.

Gesonderte Begriffe:

Normalos: Menschen die nicht an einer Psychischen Störung leiden, meistens wird hier der Bezug zur psychischen Normalität gezogen, als was ist Gesund, was ist Krank.

mensch: Als Synonyme für den Begriff man, da es eindeutiger ist als von „mäner" zu sprechen und eine Funktion der Emanzipation übernimmt.

BDP: Borderline Disorder Personality, ist der ursprüngliche Begriff, in dem alles enthalten ist.

Prädiktor: Sender in allen Kommunikationssysteme, verbal, nonverbal, bewusst, unbewusst, emotional.

Kriterium: Empfänger in allen Kommunikationssysteme, verbal, nonverbal, bewusst, unbewusst, emotional.

Mediator: Die Instanz, über die eine fehlgeschlagene Kommunikation reguliert werden soll.

Moderator: Steuert die Wege der Kommunikation.

Danke an:

Ikk classic, für die Finanzierung des Covers.

SHG für Borderliner, für die Tatkräftige Unterstützung.

Maria Thöne, für das Mitarbeiten am Cover.

Danke KW, ohne Dich hätte ich nichts erreicht.

BDP, Seite 135

BDP, Seite 137